20代の正解

How to make the most of your twenties

下元 朗

Akira Shimomoto

SOGO HOREI PUBLISHING CO., LTD

はじめに

「好きな仕事をしよう」

「フリーランスが最高！」

「結婚なんてしなくていい」


君はこういった世の中の声を聞いて、どう感じるだろうか？

本当なのかと疑問に思ったり、「無責任だ」と感じたなら、本書をぜひ読み進めてほしい。


なぜなら僕は、そのフレーズに踊らされた結果、人生を後悔している30代以降のビジネスマンに、いやというほど出会ってきているからだ。

彼らに共通しているのは、みな、30代、40代になってもう一度、人生をやり直したいと思っているということだ。

有名大学卒だったり、大手一流企業をはじめとする会社に勤めている人も少なくない。仕事は順調で、なかには業界で注目を集めるほどのパフォーマンスを出している人もいる。他人が羨む環境に身を置きながらも、若いときにこうしておけばよかった、ああしておけばよかった、と後悔しているのだ。

しかも、近年そうした人が増えてきているから不思議だ。

では、どうしてそれほどまでに後悔しなければならないのだろうか。

30代、40代になって後悔する人とそうでない人の違いは何なのだろうか？

僕はこれまで、数々のビジネスマンの転職や結婚の相談に乗ってきた。サポート実績の傑出した人にだけ贈られる優秀賞を受賞。上場企業の経営者、年収1億円以上の外資系トップなど、7000人を超える人たちと向き合ってきた。

数々の相談に乗るなかでわかったことは、30代、40代になって後悔する

はじめに

人は「20代を〝ただ何となく〟過ごしていた」ということだ。

20代でやるべきこと、やりたいことを全力でやっていなかったから、30代を過ぎて周りと差がついてはじめて、後悔が一気に押し寄せてくるのだ。

また30代を過ぎて「人生を変えたい」という言葉をはく人に、信用できる人はなかなかいない。言ったことを行動に移す人はほとんどいないからだ。

君にはそんな大人になってほしくない。

常に「いまが最高だ」と、胸を張れるような大人の男になってほしい。

タイトルにある「正解」は、20代で成功することを意味するわけではない。その先にある30代以降で人生を大きく開花させることを目的としている。40代、50代になって、本書を読んで実践しようとしてもはっきり言って手遅れなのだ。

何かを成し遂げるためには、正しいタイミングというものがある。

君は本書を手に取ることで、その縁を引き寄せた。だから断言しよう。

20代にやっておくべき正解を知り、正しく実践すれば、30代以降に輝かしい人生を送ることができる。

本書を読むことで、君の仕事での成功だけではなく、**恋愛や結婚を含めた人生そのものを豊かにするヒントが必ず見つかることを約束する。**

2014年7月

下元　朗

※本書に登場する質問は、20代の男性にヒアリングしてまとめたものです。

CONTENTS

第2章

20代のお金の正解

第3章 20代の人間関係の正解

第4章 20代の恋愛・結婚の正解

第5章 20代の生き方の正解

装丁　萩原弦一郎、橋本雪（デジカル）
本文デザイン　土屋和泉
ＤＴＰ　横内俊彦

仕事

第1章 20代の仕事の正解

Q1

面倒な案件ばかり回されます。
もう、うんざりです。

How to make
the most of your twenties

A1

「面倒な案件だ」と決めつける君のほうが面倒だ。

経験の浅い人が魅力的な仕事をいきなり任されることはない。

僕のいた総合人材サービスの会社では、転職希望者を、転職が決まりやすい順にS、B、Mとランク分けしていた。「Sランク」は、職歴、学歴等のスペックに申し分がない登録者を指す。ここ最近なら、スマホアプリ開発者など、求人側が喉から手が出るほどほしがる人材などがそうだ。

新人の頃、Sランクの転職希望者をいきなり任されることは、ほとんどと言っていいほどなかった。これは、経験を積ませようという会社の意向もある。

任されるのは、20代で何度も転職したり、就業経験が短いような人材だ。誤解を恐れず言うなら、企業が嫌うような「Mランク」とも言える。だから当然、内定にはつながりにくい。丁寧にカウンセリングして面接対策をほどこしても、もともと市場ニーズが低く、紹介できる求人案件も稀少なのだから、仕方がない。

そう思い込んでいた。

ある朝、「どうして僕には優秀層のSランクの候補者が回ってこないのだろう」と考えた。そして、いつものように振り分けられたMランクのデータを眺めた。と同時に、成績優秀な人のサポート実績も見た。当然、Sランクの転職希望者ばかりサポートしているのだろうと思ったのだ。

だが、違った。Mランクの希望者もガンガンサポートしている。

僕はハッと気づかされた。Mランクで、決まるはずの案件を取りこぼしていることに。自分の実力不足を転職希望者のスキル不足とすり替えていたことに。

さらに詳しく見ると、優秀な人ほど、営業なのに店舗開発、経理なのに経営企画など、職種を越えた転職も積極的にサポートしている。

営業経験者には営業職の求人をと、選択肢のない提案をしていた自分とは大違いだ。「決まらない案件」ではなく、僕自身が「決められない担当者」だったのだ。

サバンナの弱肉強食の世界では、自分で餌を取れるかどうかが生命に関わる。狩りができない動物は餓死する。つまり、いつまでも親から給餌されているわけにはいかない。一瞬のスキも逃さず自分で獲物の群れを見つけるのだ。そうやって狩りの方法を自分で習得しなければならないのだ。

君はどうだろう？　過去の僕のように、会社に不満を持つだけで終わっていないだろうか。君自身が知らない間に、決まるべき案件を眠らせてしまってはいないだろうか。

「あのクライアントを担当していれば、俺だってあれぐらいできるよ」

決まらない案件を回されて人を羨むのではなく、決まるはずの案件を取りこぼしていないか、可能性を探ってみよう。

自覚が生まれると、組織との力関係も変わる。不利だと思える状況をいかにして君自身の手で有利に変えていくか。常にそのことを忘れないでおこう。

優秀な人ほど決まりにくい仕事を決める

Q2

先輩のおかしいところを
指摘してはいけませんか？

How to make
the most of your twenties

A2

指摘はしてもいいと思う。が、目上の人に指摘するときは条件がある。

転職コンサルタントとして働いているとき、あるベンチャー企業の中途採用で大事な局面を迎えていた。ところがその企業を担当していた先輩社員のAさんが、数日間、無断欠勤をした。

何とかいる人たちでフォローしたものの、クライアントのベンチャー企業は激怒。僕たちの会社は出入り禁止となった。被害をこうむったのは、その企業に応募していた転職希望者だ。僕たちの不手際で、内定の道は絶望的になった。

応募者への対応に神経をとがらせていた頃、Aさんがようやく出社してきた。ところが、迷惑をかけているはずの僕たちに何の報告もしない。それどころかランチに出かける足取りは軽く、むしろ、開き直っているようにさえ見えた。

「なぜ、何も伝えてくれないのか」

正直、腹が立った。しかし、年下が直接指摘すると、かえって恨みを買うケースも出てくる。悩んだ挙句、Ａさんを別室に呼び、伝えてみることにした。恐る恐る僕は切り出した。

「先輩のＡさんにこういうことを言いたくはないのですが、今回の件は共に働くメンバーとして残念です。不遜な言い方に聞こえるかもしれませんが、Ａさんの次のステップのためにも、僕たちにきちんと説明することが大切だと思います。Ａさんは、お客様との関係についてどのようにお考えですか？」

数秒間の沈黙の後、Ａさんは重たい口を開いた。

「申し訳ない。そんな風に思わせているとは知らなかった」

その後、Ａさんは出入禁止となった企業に何度も出向いた。謝罪に謝罪を重ね、二度と同じ事態を繰り返すことはなかった。

ここでＡさんが悪いと決めつけてしまうのは簡単だ。だが、僕がふだんから大切なことを伝える努力を怠っていたから、大事なときに何のリアクションも得られなかったとも言えるのではないだろうか。

正義感を振りかざし、おかしいだろうとは思っていても、相手に伝えて理解してもらわない限り、相手にとっては疑問にすらならない。

このときは生意気なことを言ったかもしれないと思ったが、後日Aさんは僕が退職する際、送別会に顔を出してくれた。その後別のチームになっていたのにもかかわらず、だ。そしていまでも、毎年手書きの年賀状を送ってくれる。

「相手に良くなってほしい」と思うのなら、先輩や上司であっても誤りを指摘すること自体に問題はない。

ただし、**礼節を重んじ、相手の立場を必ず尊重すること。**組織で生き残っていこうと思ったら、先輩や上司のメンツをつぶすことはタブーだ。

そして**指摘するときは、毅然とした態度で、覚悟を持って言うこと。**その先に、きっと君だけの、かけがえのない人間関係が見えてくるはずだ。

エチケットのある生意気さこそ
伸びる人の条件である

Q3

上司の言うことがコロコロ
変わって困っています。
従わないといけませんか？

How to make
the most of your twenties

A3

従いつつ、ハッキリ意見を述べるようにしよう。

言うことがコロコロ変わる、いわば「朝令暮改上司」と呼ばれるタイプの上司は、若手にとって悩みの種の代表格だ。

ところが管理職の世界ではいま、そういった朝令暮改のタイプの社長をむしろ歓迎しようとするムードがある。

社長や役員といった幹部が果たす目的は同じで、手段が違うだけだ。だから、上役の態度にいちいち噛みついたり、右往左往しないでいようというのだ。

では、20代の君たちはどうすればよいのだろうか？　彼らのようにならえばいいのか、それとも、上司の指示通り、何でも言うことを聞けばいいのだろうか？

私は過去、上司の言うことを聞いてきたのに結局は吊るし上げられ、怒られ役になってしまう人を数多く見てきた。彼らはいつもイエスばかり言うし、一切楯突かないから、都合がいいのだ。しかし、従いすぎた結果、ノイローゼになっては元も子もない。

朝礼暮改タイプの上司ほど、意見をハッキリ述べるようにしよう。

そして**指示とは別に、必ず自分で仮説検証し、行動をする習慣を持つこと**だ。

上からの意見を単に待つだけの仕事の仕方はやめよう。ときには上司に「私はこう考えております」と意見を言ってほしい。一方的に意見を聞くだけで終わらせないようにしてほしいのだ。

上司が何を気にしているかを知ることも大事だ。優秀なビジネスマンほど、上司の考えの先を読む「シミュレーション力」の大切さを肌で感じている。だから、上司が喜ぶように先回りして動くことも、部下として試されていると考えよう。

もし意見がコロコロ変わったとしても、「そういうものなのだ」と認め、いっそ水に流してしまおう。**いつまでも根に持たないようにするのだ。わだかまりをなくす努力をすれば、朝令暮改に対する免疫も生まれる。**不必要に悩むことも少なくなるだろう。

朝令暮改は別の見方をすれば、それだけ迷ったり決断したりすることを繰り返している証拠だ。そこに部下であるあなたが自分の考えやアイデアを出し、上司と意見交換することができれば、状況は変わってくるだろう。ひょっとしたら、事前にあなたに相談を持ちかけてくれるようになるかもしれない。上司の意見がコロコロ変わるのを未然に防げる可能性も出てくる。そうなれば、**そもそも悩む必要もなくなってくる**のだ。

朝令暮改タイプの上司には、自分の意見をどんどん発信しよう

Q4

メールを送ってきたうえに、
口頭でも補足する人がいますが、
ムダだしアホですよね？

How to make
the most of your twenties

A4

なぜそうするのか考えないほうがアホ。

転職相談をメインにしていた頃は、毎日膨大な量の社内メールが届いた。トイレで離席した数分の間に、数十件の新着メールが届くということもザラだった。いっけん、どれも見落としてはならない、重要そうな用件に見える。だが、いちいち見ていると、あっという間に一日が過ぎていく。

思い悩んだ僕は上司に、全社一斉のメールを送るときは、必要最低限のものだけにするよう進言した。しかも当時、メールを送ってきた後に電話や口頭で再度確認する人もいた。僕はそれはムダなのでやめましょう、とも言った。

すると上司はこう答えた。

「言いたいことはわかるが、『ムダだ』と他人を非難するのは、『俺のコミュニケーションスタイルを認めてほしい』という下元の甘えを、ただ押し付けているだけじゃないのか?」

上司は僕のことを、「受け手の感情を無視した、雑でいいかげんな仕事をする人間だ」と言い放ったのだ。

僕はくやしかったが、何も言い返せなかった。

メールを送った後に、その内容を電話や口頭で確認する背景には、何が考えられるだろうか。相手が本当に理解してくれたかどうかを確認する意味が含まれているのではないだろうか。

「メールを送ったけど、あいつは理解してくれているだろうか?」「大丈夫だろうか?」と、理解度に疑問を持たれているかもしれないのだ。

またメールは、何かあったときの証拠となる〝セーフティーネット〟の役割を果たしてくれる。

もし、トラブルが起きたとする。口頭でやりとりしていると、履歴が残っていないため、内容を確認できるものがない。

20代の君は、最終的に謝れば済むだけかもしれない。

だが君が失敗した場合、代わりに上司が泥をかぶることになる。

会社も、確認のため「時間」というコストを奪われるはずだ。

小さな会社であればあるほど、時間を奪われることは致命的だ。

君が面倒だと思った一通のメールが、会社の損失や命取りになることを防ぐ役割もあると意識しているだろうか。

メールか、対面か、あるいは電話か。

20代ならこれからも迷う場面が頻繁に訪れるだろう。しかし、**自分のルールや手段を押しつけるやり方では、周りの信頼を得ることができない。相手が仕事をしやすいよう気を配り、互いの誤解を少なくすることを意識しよう。**相手を不安にさせてはいないか、厳しくチェックしよう。

そうすれば、いら立ちは激減するはずだ。

「自分だけ」ではなく、「相手と会社全体の」効率アップを考えよう

Q5

仕事中にサウナやパチンコに
行く先輩がいます。
サボるのはあり得ませんよね？

How to make
the most of your twenties

A5

場合によってはＯＫだ。

僕が入社した会社は、深夜残業が当たり前だった。配属される前から先輩に聞かされていた。「泊まりこみは当たり前だよ」と。

そこで僕は試しに、終電の時間まで会社にいることにした。

ところが、やがて体調を崩し、一日中咳が止まらなくなった。一週間経っても治らない。次第に電話すらも取れなくなってしまった。このまま続けていては体がもたない。いずれ仕事ができなくなる、と感じざるを得なかった。

不安になった僕は、関連会社の役員であるＢさんに救いを求めた。

「どうすれば結果も出せて、無理なく働けますか」

Ｂさんはこう言った。

「戦略的にサボれ」。

たしかに、成果を上げている人ほど、上司がいないときに堂々と自分の席で座りながら仮眠を取っていたり、訪問先の帰りに息抜きをしたりしていた。

そこで僕も平日、空いているカウンセリングブースで、十分ほど仮眠をすることにした。ブースに空きがないときは、非常階段で休憩をとるようにした。

その結果、体調が少しずつ回復し、前向きに取り組める土台が整いはじめた。自分だけの時間を持てたとき、誰もが安心感を得る。

この**安心感があってはじめて、集中力や意欲が湧く。**

反対に、**成果が出ない人ほど休みを取ろうとしない。**不安を掻き消そうと、しがみつくように同じことをくり返す。「サボることは悪いことだ」と刷り込みをされている。それが自分を苦しめているのにもかかわらず、だ。

ビジネスマンの投資元本は、己の肉体だ。肉体を疲弊させると、神経を痛めることになる。伸び悩む人ほど、勢い任せになる。昔の僕と同じだ。

戦略的にサボることで、自分が最も体調の良い時間帯を知ることができるようになる。僕はその時間帯を〝ゴールデンタイム〟と呼んでいる。

ゴールデンタイムとは、自分の能力が最も高くなるタイミングだ。ここで負荷の高い仕事をこなすことを習慣づけておけば、時間の使い方に戦略が生まれる。

君のゴールデンタイムはいつだろうか。

体力が最も充実しているタイミングで、真剣勝負することを心掛けよう。

体調不良のビジネスマンに大きな仕事はやってこない。能力が多少劣っていようと、最後まで壊れることなく走り続けた奴の勝ちだ。

ムラなく結果を出す人ほど戦略的にサボる

Q6

人と話すのが苦手です。
意見があっても
なかなか言えません。

How to make
the most of your twenties

A6

衝突することを恐れるな。意見を言うことは、可能性を広げるということだ。

僕もかつては話すのが得意ではなかった。流暢に話せない分、「誠実さ」を大切にしていた。

あるお客様が転職相談に訪れたときだ。社員のカウンセリングスキルをチェックする名目で、社内のトレーナーが同席した。僕はそこでお客様に、いくつかの求人を紹介した。あとは、本人がどこを受けるか、連絡を待つのみだった。自分で言うのもおこがましいが、評価はほぼ完ぺきだと思って安堵していた。

ところがカウンセリングを終えると、トレーナーが僕の問題点を指摘した。

「さっきのお客様、下元さんに、どの会社を受けたらいいか言ってほしそうにしておられましたよ」。

僕は目の前のお客様が、僕の意見がほしくて黙っているなんて、想像もしなかった。誠実さだけで満足していたのだ。

たしかに、僕はこう考える癖があった。「アドバイスして間違っていたら、責任が取れない」「お客様と意見が違ったらどうしよう。衝突したくない」。

だから、「最終決定はどうかあなたがしてください、僕は口出ししませんよ」と言ったり、つい「無理しなくていいですよ」と言って逃げていた。

「お客様に意見するなど差し出がましい」「常に謙虚であろう」というのは、たしかに悪くはない。だがそれだけでは、〝最初から購入をしようとするお客様だけ〟しか対象にならない。迷っていたり、導いてほしい人を逃していることになる。

君は慢心して、いつもリスクヘッジすることばかり優先していないか？

強引にならない程度に**お客様の可能性を広げることに注力しよう。**

本気で仕事をしていれば、必ず意見が出てくる。その意見がお客様を勇気づける。「よし！　やってみよう」「頑張ってみよう」と未来を明るく照らす。決して強引には映らないはずだ。

もちろん、リスクヘッジしたり、「100％というわけではありませんが」と、伝えるときにクッション言葉を使ったりするのは大切だろう。

しかし、「お客様が決めることだから」と、誠実さが遠慮につながって、決めるのはいつでもいい、僕は成功しなくてもいいと考えていると、「お客様も成功しなくていい」という考えにすり替わってしまう危険がある。

相手と君との可能性を広げよう。意見を発することにどうか臆病にならないでほしい。

意見を言うことは可能性を広げること

Q7

プレゼン上達のコツは何でしょうか?

How to make
the most of your twenties

A7

場数と相手の嗜好を知れば、プレゼン力は飛躍的にレベルアップできる。

僕もプレゼンはどちらかというと苦手だ。

幼少からサッカーをしていたこともあって、話すよりも体で動く派だ。できれば会話もせず、目と目で以心伝心できればいいのに、と思うタイプだ。

意見が合わない人とは距離を置けばいい。日頃から、言葉で伝えなくても、感覚的にフィーリングが合う人ばかりを探していた。

そのため配属前の研修では、「お前だけもう一度」と、一人だけプレゼンをやり直しさせられたりした。小さい頃からのツケがいよいよ回ってきたと感じた。

さらに追い打ちをかけたのが、職場に赴任してきた新しい上司だった。彼は無類のプレゼン好きで、ダラダラとわかりにくい話をしようものなら、全員の前で「そんな話し方はやめろ!」と、容赦なくつるし上げる。

ある日、若手だけのプレゼン大会が開催されることになった。

これをモノにしなければ、全員の前でつるし上げられ、一生プレゼンにコンプレックスを抱えることになると焦った。これまで避け続けてきたプレゼンだ。ぶっつけ本番で大丈夫なわけがない。僕はたくさんの本を買い漁り、プレゼン上手な先輩に、マンツーマンで教えてほしいと懇願した。会社の会議室で、深夜まで指導を仰いだ。

「重要なポイントではホワイトボードを叩け！」

「質問には結論から答えろ！」

「答えに困ったら、謙虚に真摯に素直に答えろ！」

プレゼン当日、僕は先輩から言われた通りにした。重要な箇所になるとホワイトボードをバンバン叩き、臨場感を演出した。質疑応答も、結論から素直に答えた。

結果、上司からは、僕のプレゼン能力が最も高いと評価された。

なぜ、プレゼンが苦手だった僕が、高い評価を得たのか。

一つは、**場数**だ。練習を重ねたのはもちろん、その上司が来てから、朝夕、毎日のように、数十人の前でスピーチする機会があった。必ず仕事につながる講話をしなければならない。憂鬱だったけれども、それが良い経験になった。

もう一つは、**相手の嗜好を知ること**だ。
ホワイトボードを叩くのは、プレゼン好きの上司が好むスタイルだった。その
ことを先輩が教えてくれた。
つまり、プレゼンする相手の評価ポイントを知り、行動に移すかどうかなのだ。
後日、「プレゼンが上手ですね」と評価され、商談が成立したことがあった。
人からプレゼンが上手いと言われると、どんどんその気になっていく。この
「その気になる」ということも、重要なことだと思う。
何がきっかけでプレゼンが上達するかはわからない。
まずは、**「自分はプレゼンが下手」というレッテルを剥がそう。**
そして、遠慮せずどんどんプレゼンしよう。そうすれば、悩みは消えるはずだ。

場数を増やし、相手を知れば
プレゼンは上達する

Q8

「儲からない仕事だがやるか？」

と聞かれ、悩んでいます。

やるべきでしょうか？

How to make
the most of your twenties

A8

どうしてもやりたい仕事なのか、自問自答してみよう。

長い目で見れば、損して得する仕事もある。やってみて自分で結果を受け入れることが重要だ。

僕は、結婚仲介の仕事を20代で始めようとしたとき、ある人から「仲人業は儲かりませんよ」と言われた。相談事が深夜にまで及ぶ場合もあるので時間をコントロールしづらく、夜眠れない人もいるのだという。

実はその人は、結婚仲介業でトップクラスの会員数を誇る会社の社長だった。

しかし僕は、この仕事は死ぬまでできる仕事だからチャレンジしたいと伝えた。

そして、婚活が流行する前から若い人向けにお見合いサービスを提供した。

当時お見合いの仲人は、60～70代の人も少なくなかったが、僕たちのように、20代、30代といった結婚適齢期の同年代だからこそ安心して悩みを話せるという人もおり、やがてそれが差別化につながった。

いまでは通常の婚活サービスに加え、ふるさとを離れ、都心ではたらく西日本出身者のためのお見合いサービスも立ち上げるまでになった。

何年か経ってその社長に会ったとき、当時の真意を尋ねたところ、「君に中途半端な気持ちで始めてほしくなかった。覚悟があるか、見ていたんですよ」と返ってきた。

お金を基準にやる・やらないを判断すると、ストレスに感じることがあったとき、「こんなはずじゃなかった」と簡単にリタイアする。思うように儲からないと、すぐにあきらめて次の儲け話を探すようになる。これでは力にならない。

そういう人は結局、何をやっても身に付かず、ムダに時間を費やすだけということになりかねない。

「儲からない仕事だ」という言葉を額面通り受け止めないようにしよう。周囲や凡人が儲からないと言うときこそ、本心が問われている。

最初から自分自身で厳しい状況に追い込めるかどうか。その気持ちで仕事を始められるかどうか。多少の困難も乗り越えるコツは、楽観視しないことだ。そうすれば実力がつき、自分でも予想外の結果もついてきて長く続けられるようになると思う。

もし迷ったら、自分にこう問いかけてほしい。

「その仕事をやらずに人生を終えても、後悔はしないか？」と。

人生は一度きりしかない。この仕事をどうしてもしたいという気持ちは、きっと責任ある仕事につながるはずだ。その責任感が、この仕事は僕じゃなきゃダメだ！　という使命感に変わっていく。

使命感は後悔なき仕事につながる、と僕は思う。


迷ったら、「後悔するかしないか」をやる基準にしよう

Q9

人から頼まれると断れません。
いつも雑用が溜まってしまい
困っています。

How to make
the most of your twenties

A9

「断る」という発想そのものを捨てよう。

20代のうちは断らなくていいと僕は思う。「仕事をもっとください！」と引き受けて、受けて、受けて、受けまくる。与えられた仕事は完璧にして、「アイツは良くできるなあ」という評判を生む好循環を目指そう。20代で断ることを覚えるとどうなるだろうか？「仕事ができない人だ」と思われてしまう。

僕が転職相談をしていたとき、意外なことに「仕事が少ないこと」を理由に転職しようとしている人が大勢いた。しかも、意外と大手企業に勤めている人に多い。仕事を先輩と取り合って負け、仕事をしたくてもできないというのだ。

そんな人にとってみれば、20代で断り切れないほど仕事があるのは恵まれている証と言えるだろう。

そうは言っても、断らないといけない場面は必ずある。

僕が新人の頃の話だ。隣の事業部の先輩社員から仕事を頼まれたことがあった。

部署は違うが、先輩だから断ってはいけないと考え快諾した。ところがいざ取りかかろうとすると直属の上司から「その仕事はするな。あいつは自分がしたくない雑用だからお前に押し付けているだけだ。俺からも言っておくが、今後は同じ内容で頼まれたら断れ」と言われた。

依頼を受けて、できるときは進んでやればいい。でも、どうしても断らないといけないときは素直に伝え、全身で申し訳なさを表現しよう。約束があるのなら、腕時計を見るなど、相手にジェスチャーで伝える努力も怠らないようにしよう。「いまやっている仕事が15時ぐらいに終わりそうなので、それ以降なら可能です」と条件付きで提示する場合もある。

人から頼まれると断り切れないと悩む人は、二つの課題があると思う。

一つは、**自分の意思をハッキリ言えない**ということ。

そしてもう一つは、**そもそも頼まれた仕事の意味を理解していない**ということだ。

何でも断っていると本当に仕事が回ってこなくなる。20代のうちは、ひとまずは「やります」「できます」と言ってしまおう。そのうえで、その仕事を自分がする意味はどこにあるのか。また、取り掛かれるとしたら、いつからならできるのか、考えるクセをつけよう。

寂しいのは仕事をお願いされない20代だ。

何でも断ってチャンスを潰すな。「これで終わりですか？」と涼しい顔をして、逆に聞いてやろう。それぐらいの心構えで取り組んでほしい。

仕事を頼まれたら、とりあえず「やります」「できます」と言おう

Q10

幹事は進んでやらなくては
いけませんか?
正直、面倒です。

How to make
the most of your twenties

A10

幹事は、自分の価値を高めるチャンス。喜んで引き受けよう。

雰囲気の良いお店を見つけたり、手ごろで美味しいお店を予約する。催しものを考えて根回しをする。幹事は、企画やマーケティングの仕事に要求される能力と似ている。**経験することによって、企画を立てて、実行して、反応を見る能力が鍛えられる**のだ。

こういう経験が乏しいと、商談する際も、ＴＰＯに合わせて場所をチョイスできない。相手が望む成果にすら鈍感になる。常に「自分が面倒と感じるかどうか」が基準になっているからだ。

僕もかつては幹事から逃げ回っていた。業務外の余計な役は時間のムダだからと、決して引き受けなかった。しかしいま思えば、「幹事が面倒だ、嫌だ」というのは、**他人を喜ばせる自信がないことの裏返しではないだろうか。誰かを喜ばせることを恐れて、逃げ回っているのではないのだろうか。**

人に喜んでもらうチャンスを避けていては、仕事でも創意工夫することはないだろうし、そんな人が成功するはずがない。

コミュニケーション力とは、聞く、話すという言語能力だけではない。**「相手を喜ばせようとする奉仕の力でもある」**と定義してみよう。

人気プロデューサーである小山薫堂《こやまくんどう》氏の会社では、「誕生日サプライズ」と称して、全社員が一丸となって誕生日の社員にサプライズを仕掛けるという。氏は、このときに知恵を絞ったり、周囲と連携したりすることが、仕事での企画力向上のために役立つと言っている。

相手を喜ばせることに真剣になり、黒子役もすすんで引き受けるようになれば、与えられた仕事以外でも積極的に意味を見つけられるようになる。すると、「よし、今回はこういうテーマでやってみよう!」と、自分なりに意義を見出せるようになるはずだ。

僕はこれまで7000人以上のエグゼクティブの転職・結婚相談に乗ってきたが、**エグゼクティブの人ほど、誰かを喜ばせたいという仕掛人タイプの人が多い。**日頃からこうした周囲への意識が希薄な人と高い人とでは、一緒に過ごす時間の濃密さが全く違ってくる。面倒だと思う人は、どこかにデートしようにも、いつも受け身だ。自分からイベントを提案することもない。相手をサプライズさせようと段取りをすることも頭にない。その結果、「つまらない人」という評判が一生ついて回る。

仕事量が多いと感じるときこそ、思い切って黒子役を引き受けてみよう。**自分以外の他人をいかに幸せにするかが、仕事での成果にとどまらず、人生の充実を図るカギになっていく。**

いつまでも受け身で自主性のない生き方はやめよう。

君が勇気を出すのにお金はかからない。

幹事は、人を幸せにする絶好の機会

Q11

リーダーになるのは面倒です。
これっておかしいですか？

How to make
the most of your twenties

A11

君は仕事に対して覚悟を持つことから逃げているんじゃないか。

あるとき職場に、関連会社から新しい上司がやってきた。全くの畑違いの人だった。案の定、仕事のことは何も知らないようだった。さらに、何だか頼りない。こちらの意見ばかり聞いて、自分の意見をあまり言おうとしない。

そして半年経っても、その印象は変わらなかった。僕から相談を持ちかけたり、話をしても、「で、下元はどう思う?」という言葉が口癖のように繰り返されるだけ。自分の意見がない、と僕は思った。

次第に「上司はもっとリーダーシップがある人じゃないと信用できない」と考えるようになった。

そこである日、僕はその上司のさらに上役のマネージャーに、なぜあの人をリーダーに抜擢したのかと聞いてみた。

するとマネージャーはこう答えた。

「みんなの力を引き出すことに長けているからだよ。君だって彼に何度も相談しているじゃないか。話を聞いてもらったりしたんだろう？　彼は単身赴任で、奥さんと2歳になる小さな子どもを名古屋に残して来ているんだよ」

僕は思った。人を引っ張るだけがリーダーシップじゃない。それぞれの持ち場で力を発揮できるよう、陰で見守ったり、成長するためにチャレンジする場を与えたり、舞台づくりをアシストすることだって、立派なリーダーの仕事なのだ。そして、家族を残して逃げずに戦おうとする、リーダーの覚悟を知らずにいたことを恥じた。

リーダーを命じられたとき、覚悟を持って職をまっとうしようとすることで、やがてリーダーにふさわしい器に育っていく。

面倒くさそうにしたり、遠慮する人に再びチャンスを与えるほど、社会は甘くない。年下にどんどん追い抜かれていき、情けない男の烙印を押されて人生が終わる。

君もぜひ、「あの人のもとで働きたい」と思われるようなリーダーを目指そう。もし、人の上に立ったり、人の指導を任されたのなら、自分の人生を見つめるチャンスでもあり、市場価値を高めるチャンスでもある。そして、覚悟が問われている瞬間だ、と捉えてほしい。

覚悟は持たされるものではない、自分で持つものだ。

リーダーは、
自分の人生を見つめるチャンスだ

Q12

やりたいことが見つからず、
不安です。
これって問題でしょうか？

How to make
the most of your twenties

A12

「やりたいことが見つからない」のは問題じゃない。「やりがいを知らないこと」のほうが問題だ。

「やりがい」が「やりたくないこと」の先にあることを知っている人がどれだけいるだろうか。

僕はお見合いの事業を始めた頃、男性のお客様ばかりを担当していた。担当が男性だと、「僕は面食いなんですよ。若くて美人がいいんです。下元さんも男だからわかりますよね?」などと、女性担当者だと打ち明けにくい本音も明かしやすい。

ところがある日、当社の女性スタッフが急病で休むことになり、たまたま居合わせた僕が、女性のお客様のカウンセリングをすることになった。しかし正直、やりたくなかった。女性が話を聞いたほうがいいと決めつけていたのだ。

そんなとき、僕の考えを改めさせられる一言をいただいた。

「職場は女性ばかりで、父も単身赴任でいないので、家は母と姉、妹だけです。

だから下元さんの男性の意見は、私にとってとても貴重なんです！」

結婚を考えている男性が、女性の何を見ているか。何を考え、何を感じているのか。女性がそういった男性の気持ちを直接聞く機会は、意外と少ない。ましてや、忙しく働いているとなおさらだ。男性であれば、その男性の気持ちや考えを代弁する役割になれる。僕が気が乗らないと思っていた異性への対応は、目の前で悩み苦しんでいる女性の役に立つことを知ったのだ。

それ以降、女性の話を聞くことに抵抗がなくなった。もちろん、いいことばかりではない。やってみてうまくいかないこともある。結婚寸前で破談になることもあった。そんなとき、彼女たちの涙を受け止め、励まし、本当に合う人に出会えるまで、できる限りのサポートをする。その経験が、僕自身に新しい学びを与えることもあるし、何よりも、彼女たちが最高のパートナーに巡り合ったとき、心底驚かされる。出会ったときの不安な表情とは全く別人と思えるような、美しく幸せな表情に変貌するからだ。

結婚式に招待してもらったことも数知れない。そうやって仕事を続けて10年経った。いつの間にか、女性誌から取材を受けたり、大手出版社から依頼を受け、女性向けの結婚本を書くまでになった。

やりたくないことは、意義を見出すことで、やりがいに変えられる。

あえて正面から向き合って、徹底して継続しよう。

何事もまず言い訳から入るような男になってほしくない。

20代は、やりたいことがなくて嘆く回数より
思い込みを捨てて何でもやってみよう

Q13

人脈はどうすれば作れますか?

How to make
the most of your twenties

A13

「その道のプロ」と認められない限り、人脈は生まれないと心得よう。

結果を出せていない人が人脈を得ようとすり寄っても、相手に何も与えられずに終わる。それより、人脈を持っている人から「この人と付き合うと得だな」と感じてもらわないといけない。仕事が中途半端だと、そう思わせることは極めて難しいだろう。

僕が新人の頃、日曜日にばったり同じ会社の先輩に出くわしたことがあった。休日なのに先輩はスーツ姿だった。てっきり休日出勤するものと思って僕が尋ねると、「これからP社の社長と飲みに行くんだよ。お前、何してんだ？　日曜日にのんびり過ごしてたらダメだろ。人脈作んなきゃな」と言う。

その先輩は休みの日も、仕事で知り合った企業の社長や幹部の人と積極的に食事や飲みに行っていると言うのだ。行動力がある人は違うなと思った。

ところがその先輩は、肝心の営業目標が未達成続きだった。いっこうに成績が伸びる気配もない。やがてダメ社員のレッテルを貼られるまでになった。後から聞いた話だが、P社の社長とは一度飲んだきりだという。

人脈を望む前に、職場で与えられた責任をまず果たそう。人に会ったとき、自分の実績をアピールできる材料がないと、一瞬で「その他大勢」になり下がってしまう。

たとえば保険営業の世界では、顧客から顧客を紹介してもらおうとする。顧客は、その営業担当の仕事ぶりが確かで、紹介した相手にメリットがあると思うから紹介する気になる。

君は、メリットを与える人材か？　紹介した人から「こんな素晴らしい人を紹介してくれてありがとう」と喜ばれる存在だろうか？　厳しくチェックしてみよう。

人脈を築くために交流会に行くという方法もある。

たしかに都市部などでは異業種交流が盛んだ。20代の参加者も少なくない。僕も20代の頃、出かけたことがある。

だが、参加者は売り込みが目的の人もいた。真面目な参加者もいるのだろうが、運営元がしっかりしているところかどうかを見て参加しないと、うんざりしてしまうこともあるだろう。

20代は、人脈づくりを意識しなくていい。人脈は、自然にできるものだ。それより、**まず成果を出すことを優先しよう。**そして、出会った人の悩みや不満を「どうすれば解決できるか」と一生懸命考えて、自分が相手に与えられることを一つでも増やそう。そうすれば、「あのときはありがとうございました。困ったことがあったらご遠慮なくどうぞ」と、君が困ったとき協力を申し出てくれる人が現れてくるはずだ。それが本当の人脈なのだと僕は思う。

人脈を望む前に、成果を出すことに重きを置こう

お金

第2章 20代のお金の正解

Q1

20代で年収が200万円台です。将来は大丈夫でしょうか？

How to make
the most of your twenties

A1

心配するべきなのは、年収よりも成長度合いだ。

たしかに、20代の年収は低い。国税庁の統計では、平均年収は288万円だそうだ。だから、将来を心配する気持ちはよくわかる。

たとえば、転職支援でこんな人を担当していたことがあった。保険会社に勤めるTさんだ。営業マネージャーとして十数名の部下を指導し、育成してきた手腕から、会社で表彰されることもしばしばあった。ほかの企業からも「ぜひ、うちでリーダー職を任せたい」と、数多くのオファーが来た。

ところがTさんは、それを全て断った。それどころか、「人事職」を希望した。Tさんにとって人事の仕事は「未経験」のため、当然、給料はダウンする。

僕が不思議に思って尋ねたところ、Tさんはこう答えた。

「私は社長になるのが目標なんです。そのために、必要な経験をしておきたいと思いまして。これまではセールスや現場マネジメントの経験をしました。ですが社長は人を適材適所に配置し、社員の能力を高めないといけません。次は管理部門を見たいんです。年収よりも大切なのは、自分がどれだけ成長を実感したか、だと思っています。それが次の仕事につながって、お金は後からついてくるんじゃないかと。自分が出した結果へのご褒美として」

こうしてTさんは、一時的に年収が百万円以上下がってでも、学びのほうを優先した。やがて独立し、数千万円の年収を得て活躍しているという。目先の年収よりも、学び続ける正しさを実証した好例といえる。

これとは対照的だったのが、昔の僕だ。

僕が就職先を選んだ理由の一つは「初任給の高さ」だった。

初年度で年収は400万円ほど。半年後、所属している同期のなかで最も高い成果を出したから、たしかに年収は上がった。

しかし僕は、正直に言うとガッカリした。月額にすると、8000円程度の昇給しかなかったからだ。

年収の高低に関心が向くと、年収が低かったり、昇給が少ないと途端に将来を悲観するようになってしまう。

給料に不満を感じ、将来を暗くする前に、自分の成長速度、学びの貧相さに危機感を持つべきだ。

現時点での年収が低いことを悲観しても仕方がない。残念だが、それがいまの君の立ち位置だ。「なぜ、こんなに不遇なのか、低評価なのか」と現状に不満をもらしても、給料は上がらない。

年収は、貪欲に学び、成長する人だけについてくる。

いまは目先の利益よりも、「いま、本気で学ぼうとしているか?」「いま、自分がすべきことは何か?」を常に意識しよう。そうすることが結果的に年収を伸ばし、将来の不安を和らげてくれるだろう。

学びが年収を上げてくれる

Q2

年収1000万円以上稼いでいる人に憧れます。
どうすればそのようになれるのでしょうか？

How to make
the most of your twenties

A2

周りを見渡してみよう。

僕がこれまで7000人以上のエグゼクティブと接してきた経験から、20代で年収1000万円以上稼いでいる人には、次のような共通点がある。

- **仕事のスピードの速さ**
- **集客力**
- **人を見極める力**
- **軌道修正する力**
- **ピンチを楽しむ力**

まず、**「仕事のスピードの速さ」**というのは、**仕上げる力が高い**ということだ。

稼ぐ20代ほど、納期を前倒しする。そして、余った時間で次の仕事に着手してい

く。〆切までダラダラやるよりも早く終わらせたほうが、その分、ほかの仕事に着手できるうえに経験を積めると、肌感覚で知っているのだ。

次の**「集客力」**は、ビジネスで成功するカギだ。どんな仕事においても、集客できないと何もできない。ファンになってくれる人を増やすことも、立派な集客だ。独立してネットやリアルで販促効果が高い集客方法を見つければ、軽く年収1000万円はいくだろう。さらにリピートができれば、ビジネスは安定する。新規開拓が楽になり、他社と比べたとき、選んでもらいやすくなる。

君は「好きなお客様」ではなく、「好きになってくれるお客様」を知らないといけない。つまり、**自分が「売りたい相手」ではなく、自分を「買ってくれる相手」を探すということ**だ。そして、ファンや取引先、パートナーを選別する力も、年収1000万円以上稼ぐためには欠かせない。それができれば、仮に独立したとしても、十分やっていけるだろう。

三番目の**「人を見極める力」**について。ビジネスでのポイントは、相手と末永くお付き合いができるかどうか、そして信用ができるかどうかだ。**無用なトラブル回避**とも言える。うまい儲け話に乗っかって騙された揚句、職を追われた人がいたくらいだ。自分のなかで判断する基準を作っておこう。

　特に独立したばかりの人は、経験が少ないあまり、自分の考えや理念ばかりを世の中にぶつけようとしがちだ。けれども大切なのは、**自分の考えやアイデアと、お客様とのニーズを照らし合わせ、「軌道修正する力」**だ。これは独立していなくても必要な力で、上司や取引先との利害関係で役立つ力でもある。

　また年収の高い人は、お客様の漏らした不満や情報を商品やサービスに反映し、「お金」という対価に変えていく。そして**「ピンチを楽しむ力」**を持っている。最後に何かをやるとき、どこかでゲーム感覚を取り入れる傾向のある人は、年収の高い人に多く見受けられる。

　これらの力がつけば、ほぼ間違いなく年収1000万円レベルには到達する、と僕は思う。

5つのポイントを意識しながら楽しんで稼ごう

Q3

20代のうちに貯金をした方がいいですか？

How to make
the most of your twenties

A3

貯金は強くすすめる。人生の選択肢を増やしてくれるからだ。

ただし、漫然と貯めず、しっかりと目的を持つこと。そして、目的通りに使おう。ビジネスマンは、**貯金を「使う」ことで成長するからだ。**

人生の重要な場面で貯めていたお金をどう使うかで、ビジネス人生は決まると言っても過言ではない。使う金額が大きければ大きいほど強い決断が伴う。その決断がたとえ失敗につながっても、学びを得て、自立心を育む。当たり前のことだが、**小さく貯めて小さく使っていては、いつまでもいまの状況から抜け出すことはできない。**

僕は「人生の転換期」と言える時期に必ずと言っていいほど貯金を使っている。結婚したときと独立したときだ。特に意識はしていなかったが、貯金がいわば、僕の背中を後押ししてくれたのだと思う。

たとえば住宅を買うなら、一定の頭金が必要だ。結婚式だってまとまったお金がいるだろう。

世間は貯金がゼロだと聞くと、「こいつ大丈夫か?」と、お金に対する意識が欠如している印象を持つ。

実際、30代になっても貯金がほとんどないから、交際相手が不安になって破談になった男性をこの目で見てきた。結婚を考えていないなら「その程度で」と思うかもしれないが、先の見えないいまの時代だからこそ、貯金額が相手に与える力は、思っている以上に大きい。だから貯金を馬鹿にしてはいけない。ときに、**相手を安心させ、人生の選択肢を増やし、ビジネスでの成功をもアシストしてくれる存在でもあるのだから。**

「ちょっと待てよ。貯金をすすめておきながら、貯金を使ってしまえば、信用も失うじゃないか。言っていることが矛盾している」という疑問がわくだろう。僕が言いたいのは、ビジネスマンなら、貯金を使うことによってさらなる稼ぎを得るようにしようということだ。

本気で自分の人生とぶつかる覚悟がない人ほど、言い訳をしてお金を貯めることばかり考え、通帳を眺めては満足する。貯金が最大の魅力にならないようにしたいものだ。

伸び悩む人は、貯めたお金を銀行に預けたままで終わらせる。伸びていく人は、貯金を勝負するお金に代え、使った分をさらに稼ごうと努力する。

怖気づかず、大胆になろう。本当に怖いのは、貯金が趣味になって、重要な決断から逃げてしまい、一生、自信が持てない人生を送ることだと思う。恐怖心を乗り越え、勝負するための貯金をしてほしい。**計画的に、そして強《したた》かに生き抜こう。**

貯金を利用して、自分を高めよう

Q4

ついお金を使ってしまいます。
手取り20万円もないのですが、
趣味に使うお金はどのくらいが
理想的でしょう？

How to make
the most of your twenties

A4

予算よりも、「なぜ使ったのか」を把握することのほうが大切だ。

たとえばふだん、ファストフード店で「ポテトと一緒にナゲットはいかがですか?」と尋ねられて、ついでに買うことがあると思う。コンビニの会計で並んでいるとき、レジの近くに並んでいるチョコレートを買うことがあるかもしれない。これらは利益率が高い商品で、買い手の心理を先回りした販売戦略の一つ。コンビニなどの流通、小売業なら当然やっていることだ。

こういった**ついで買いする心理を冷静に分析するのも、稼ぐビジネスマンの基本条件だ。**購買動機を疑うことを積み重ねていくうちに、自然と売る力や稼ぐセンスが育っていく。

試しに、洋服選びが上手い人に尋ねてほしい。「どうしてその服を選んだの?」と。きっといくつもの理由が返ってくるはずだ。

また、業界あるいは会社で成績トップの人に尋ねてみてほしい。「なぜそんなに結果が出せるのですか?」と。同じように何らかの理由が返ってくるはずだ。

稼ぐ人は、自分が売る商品やサービスを説得力をもって説明できる。なぜ、この商品が素晴らしいのかを語れる。貪欲に消費行動やマーケティングを学んでいるから、30代以降に差が生まれていく。

いっぽう、稼げない人に限って、「趣味だから仕事に置き換えて考えたくない、そんなのは自由だから放っておいてほしい」と考えている。

あるいは、「欲しいから買う。理由はそれだけで十分だ」と欲望のおもむくまま、衝動的に買い物をすることが当たり前になる。

だから、企業の販売戦略にまんまと引っかかっても気づかない。

予算があればあるほど使ってしまい、「なぜ買うのか」を考えなくなっていく。

あなたがつい買ってしまうということは、それだけ大衆心理を持ち合わせているということだ。もう一人の自分で冷静に、売り手の狙いを学べるチャンスとも言える。

仕事を離れた趣味の世界だからこそ、ふだんとは別の風景が見えてくるはずだ。

エグゼクティブたちは、自分の財布の紐をゆるめるのではなく、いかにして他人の財布の紐をゆるめるかを考えている。

人の欲求に強くなって、相手が欲しいモノがわかるようになれば、稼ぐことに苦労しなくなる。そのための訓練だと思ってやってみてほしい。

「なぜ買うのか?」を常に自問自答しよう

Q5

飲み会などで
毎月すぐにお金がなくなります。
20代のうちは
お金をどこに使うのが
正解でしょうか?

How to make
the most of your twenties

A5

20代は家族を増やすことに時間とお金を使ったほうがいい。40代になって結婚したいと思っても、正直遅い。

僕の経験上、**20代の男性は結婚しやすい。**20代で結婚するなんて早いと思いがちだが、お見合いでも20代の男性に人気が集中することがよくある。多少年収が低くても、だ。

理由は、**「将来性」があるから**だ。また親の介護などしがらみが少ない分、女性は余裕をもって交際できるし、結婚後の生活がイメージしやすい。だから同年代だけでなく、年上の女性からも積極的に声がかかりやすいのだ。自分の市場価値を知るうえでも、20代からお見合いを経験するのもいいだろう。

「結婚相手は自然に出会えるさ」「入会に金を払うなんて馬鹿らしい」などとのんきに構えているうちに、どんどん年をとっていく。

気づいたときには結婚適齢期の女性から対象外にされ、「じゃあお見合いで結婚でもするか」と重い腰を上げるものの、時既に遅しという結末だ。

50代になって20代後半の女性を希望する男性がいる。理由は子どもがほしいからだと言う。だが、考えてほしい。男性が子どものことを考えて若い女性を希望するように、女性にも、若い男性を希望する理由がある。男性が40～50代だと、男性の親を介護しないといけないかもしれない。近いうちに本人も介護しないといけないかもしれない。そう考えただけで、女性が年上の男性との結婚に後ろ向きになるのが現実だ。

それに50代の年の離れた男性だと、年収が数千万円以上ないとそもそもお見合い自体ができないケースも多い。

20代で結婚をして様々な経験を積んでいると「この人は、若いのにしっかりした考えを持っている」と安心感を与えたり、人生を積極的に生きているという印象を与える。これが30代、40代で独身だと、人によっては、主体性を失った人に思われやすい。残念だがそれが現実だ。

20代では、自分を成長させるためにお金を使うことも大事だが、30～40代になったときに備え、**家族を増やすための投資もしておいたほうがいいのだ。**

結婚を考えている女性との出会いに使うのでもいいし、婚約指輪にお金を使うのもいい。それが家族を増やす、つまり結婚につながるお金なら積極的に使うべきだ。

もちろん、失敗することもあるだろう。だけど、**多くのエグゼクティブは、その失敗を乗り越えて20代で結婚している。家族を持つことによって、多くを学び、成長することは言うまでもない。**

君は、代わりがきくものにばかりお金をかけていないだろうか。

代わりがきかないものを手に入れることが、人生の最大の価値だ。

家族を持つ喜びを味わってほしい。いまはまだピンとこないかもしれないが、ぜひ「家族をつくる」ためにお金を使ってほしい。

家族をつくるためにお金を使うのは、エグゼクティブに近づく第一歩だ。

Q6

副業を始めようと思っています。
初心者におすすめの方法は
ありますか？

How to make
the most of your twenties

A6

「こうすればうまくいく」という決まった方法などない。

僕は専門家ではないから、無責任なことは言えない。

ただチャレンジすることで、少なからず**お金との向き合い方がわかるようになる**と思う。手持ちのお金が増えたり減ったりする経験を通じて、真剣にお金と向き合える瞬間が訪れるからだ。

学生時代僕は、不動産の株を購入し、60万円ほど儲けた。気をよくした僕は、就職してすぐにとある人材派遣会社の株を買った。確か一株6500円ぐらいだったから、あわせて65万円ほどかかったが、儲かると考えているので僕の鼻息は荒かった。当時勤めていた会社の人にその話をすると、苦笑いをされた。「人材関連の株はもう遅いよ」というのだ。後日僕は、言葉通り損失を出すことになる。

成功したケースでは、不人気銘柄の不動産株でバブルでもこない限り人気は出ないと言われていた株を、チャンスがあると踏み切って、結果的に上がり売却できた。でも、「いつ売ればいいだろうか?」「もっと上がるんじゃないか?」と欲をかいて、なかなか決断できなかった。

失敗したケースでも実は同じことをしていた。人材派遣は当時、規制緩和に乗って市場が拡大していて人気株だったので、便乗して買ったのだ。そして、一度は売ろうと決めた値段まで上がった。なのに、僕は欲をかいて売り損ねた。「もっと上がる、俺の考えは正しい」と思ったのだ。その後、上がることはおろか、下がるばかり。そしてその下がる局面でも、いつか上がるだろうと、なかなか手放せなかった。

自分のお金がリアルに動くと、お金に対する弱さ、甘さが見えてくる。投資や運用に対する知識のなさを知ることにもつながるし、より知恵を身につける必要性も感じるだろう。

ここぞという場面で思いきれるか、惑わされず貫き通せるか。こうしたことは、ビジネスでも日々、試されていることだと思う。

僕は20代で副業をすることは否定しない。不動産投資、株式投資、サイドビジネスなど、自己責任でやってみればいいと思う。

実際に20代で会社からもらう給与より、投資やその他のサイドビジネスで多くの副収入を得ている人もいる。しかしあくまでそういう人は一部だ。最初からそうなろうとするのは難しい。

皮算用し、お金儲けを狙うよりも、投資を自分とお金について知るツールにしてほしい。お金への付き合い方や癖などを学びに変えよう。その学びが、結果として、本業のビジネスで活きてくると僕は思う。

投資を通じて自分の弱さを知ろう

Q7

高価なものを買う意味はあるのでしょうか？

How to make
the most of your twenties

A7

値が張る買い物をすると、野心が育つ。

部下と営業に行ったとき、「○○さん、お尻が破けていますよ」と、部下が先方から指摘をされたことがあった。臀部に目をやると、本当に破れて下着が見えていた。

とっさに僕は部下に言った。「そんな破れるような古いスーツは捨てろ」と。すると、部下は困惑した表情で言った。「先週末、バーゲンで買った新品なんですよ。これを直して使います」。履いた初日だったそうだ。せっかく自分でお金を出して買ったばかりなのに、「いいスーツですね」と言われることもない。まさに、安物買いの銭失いだ。お客様に感動を与えるどころか、不安を与えてしまう。

僕も安くていいものを探していた時期があった。しかし、部下を持ったり、家族を持つようになると改めた。安いものばかりを選んでいると、その姿をほかの人に見られたとき、恥をかくかもしれないからだ。

実際、30代にもなって休日にファストフードで食事をしていたら、「あんなところで休日もメシを食っているんですね」と後輩から言われて評判を落としたと言う人もいた。

「あの人は貧乏くさい」とか「お金がないわけじゃないのに、守銭奴だ」と揶揄《やゆ》されるようになったら、印象を覆すのは簡単ではないだろう。

伸びていく人ほど、次のステージにいる人たちが何を身に着け、何を欲しがっているかということに関心を持っている。

たとえば、仕事でエグゼクティブが相手だと、生活レベルが違いすぎてすぐに共通点が見つからないことがある。そんなときでも、時計や車、趣味に明るいと話が盛り上がって、チャンスが広がるということは少なくない。目上の人との話題でも気おくれせずに済むだろう。

ここで、いつも無難な選択ばかりしたり、無関心でいると、仕事に対しても同じような姿勢なのだろうか、と君に期待をしなくなったり、場合によっては余計な不安を与えてしまう。

20代の頃は、それほどお金を持っていないはずだ。だから、「高いモノなんて、いつも買えない。とんでもない」と否定しがちになる。

でも、安物以外の世界に触れて、上を目指そうと野心を持てるのも、20代の特権だ。少し背伸びして、高いモノを買ってみよう。

おすすめなのは**20代のときから、仕立ての良いスーツや、靴、時計など、少し値が張るものを身につけてみること**だ。そうすることで自然と背すじが伸び、心地良い緊張感が走るものだ。

ふだんは触れることのないモノを手にしよう。高級な空間を体感したり、サービスを受けてみよう。きっといままでにない視点が手に入るはずだ。

高価なものを知ると、一緒に仕事をする相手の幅も広がる

第3章

20代の人間関係の正解

人間関係

Q1

会社の人とはプライベートでも付き合わないといけませんか？

How to make
the most of your twenties

A1

付き合うべきかどうか、取捨選択する力を養おう。

ただ一つだけアドバイスするなら、送別会など、**テーマが明確なものには顔を出したほうがいい**ということだ。

プライベートと仕事の境界線を厳密にしすぎると、「扱いにくい面倒な奴」というレッテルを貼られる可能性がある。

職場では、**誰がいつ、ピンチのときに手を差し伸べてくれるかわからない。そういう選択肢を考えておく余裕も持っておこう。**

かつて、ある女性社員の退職に伴って送別会が行なわれた。ところが、どういう訳か僕には連絡がなく、会の存在すら知ることはなかった。何も知らない僕は、後日退職したその女性にバッタリ出会った。そのとき、こう言われた。「会社を離れたから言いますけど、送別会に顔を出さないなんて、非常識ですよね」と。

僕は当時、**公私の線引きをし過ぎて周囲との信頼関係を築けていなかった。**

逆にふだんからコミュニケーションがスムーズにいっていると、ビジネスに直結するような、いつもなら手に入りにくい情報が手に入ったりする。

反省した僕は、できるだけ名目をつくって飲み会を開くようにした。すると先輩が、以前の会社を辞めた経緯を話してくれたり、実は実家が商売をしていて借金を背負っているなど、いままで知ることのなかった意外な過去を話してくれた。

やがて先輩に対する見方が変わり、接し方にも変化が出てきた。仕事でも僕から相談をする機会が増え、業務を超えた交流が生まれ出した。当然、僕の仕事ぶりや考えをこれまで以上に知ってもらえるようになった。その結果、「お前になら任せても大丈夫だろう」と、先輩が優良なお客様を譲ってくれたりもした。

勝手に境界線を設けて自分を見せず、相手のことも知ろうとしない人に情報は集まらない。オフタイムは相手の本音や長所を見つけやすく、また、見識を広めるチャンスだ。

かたくなに会社とプライベートを切り離すと、他人の好意や応援したいという支援の気持ちを突き放すことになりかねない。

社内がギスギスしている会社は、顧客からしても気分がよくないこともある。

何より、君自身の価値も下げてしまう。

プライベートと仕事との線引きは、ほどほどにしておこう。ときには会社の人とプライベートで交流することで、同僚の新しい魅力を見つけたりもできる。君の人間性や長所を見つけてもらえるチャンスでもあるのだ。

上手に取捨選択をし、効率よく人間関係を築こう

Q2

お客様から食事に誘われます。行ったほうがいいでしょうか？

How to make
the most of your twenties

A2

上司や先輩に相談し、一度は行ってみよう。

ふだんから問題がなく取引をしていて、かつ好意から誘ってくれているると感じるなら、何回かに一回は行くことを検討してみてもいいだろう。いつも断ってばかりだと、印象が悪くなってしまうからだ。取引が危うくなりそうなら、状況を見て、なおさら行くようにしよう。そのとき可能なら、**上司も一緒に連れていくことだ。自分のお客様と上司が仲良くなれば、より円滑な関係が望めるかもしれない。**

もし誘われて困ったときは、上司に「こういう場合はどうすればいいでしょうか」と相談し、参加の是非を決めればいい。

できれば、支払方法についても相談しておこう。その際、一人の上司だけでなく、常に何人かの人の意見を集約するようにしよう。相談した上司が偏った考え方だと「支払いはお前持ちに決まっているだろう」となることがあるからだ。

また、不意にトラブルに巻き込まれたとき、自分だけが責任を取らなければならなくなるのを避けるためでもある。自分の身は自分で守らないといけない。

「誘われたら嫌だな」と思っている人のなかには、断り方がわからない心理もある。断り方に問題があって、未熟な印象を残すこともある。

僕は20代の頃、経営者から食事に誘われたとき、散髪を理由に断ったことがあった。すると隣で聞いていた先輩から失礼だと指摘を受けたことがあった。

僕はオープンなつもりで話したけれど、相手からすれば「自分は散髪以下の取引先なんだな」と思われるかもしれない。非常識で礼節を欠いていた。

誘われたときはまず、「お誘いくださってありがとうございます」と、誘ってくれたことに感謝しよう。

相手側も誘わないと気まずくなると思っている場合もあるし、それほど他意がない場合もあるかもしれない。

そして、断るときは、「あいにく先約がございまして」と相手をできる限り傷つけないように配慮しよう。

誤解してほしくないのは、**相手から好意を持ってもらえることは、悪いことで**

はないということだ。誘われるほうが、誘われないより断然いい。

何も悪いことをしてはいないのだから、誘われたからといって、嫌悪感を持たなくていい。堂々としておけばいい。「仕事以外でも交流しようなんて気持ちが悪い」と思うのではなく、誇りに思うようにしよう。

たとえば、夜の誘いが苦手なら、「ランチはいかがですか?」と会社の休憩時間にご一緒してみよう。君に魅力があって誘われるのだから、自分のブランド向上を目的にするくらいの意気込みで取り組むことをおすすめする。

お客様からの誘いを断る場合は、傷つけないよう配慮しよう

Q3

ちょっとした雑談が苦手です。何かいい方法はありますか？

How to make
the most of your twenties

A3

雑談上手なフリはしなくていい。徹底的に話を聞いて、相手の得意な話題を見つけろ。

20代のときに出会うお客様は9割以上が年上になる。だから、少し気負って自分から話そうとしてしまいがちだ。その結果うまく雑談が盛り上がらず、苦手意識を持ってしまう人は少なくない。

僕も20代の頃、雑談ができず悩んでいた時期があった。

そこで「昨日、こんなことがありまして。最近は、こんなことが流行ってますよね」とさりげなさを装って話したり、矢継ぎ早に話題を繰り出したりして、有能さをアピールしていた。

それでも、手ごたえは得られない。そこで雑談をやめ、すぐに本題から入ろうとした。すると「えらく唐突ですね」と言われ、余計にどうすればいいのかと混乱してしまった。そんなとき、上司がアドバイスをしてくれた。

「下元の場合、会話が一方通行になっている。話を聞くことに注力しろ。特に相手の得意な話を見つけるようにすれば会話も弾むようになる」と。

雑談を無理にするより相手の話を聞くほうが、会話は生まれやすい。

たとえば、こんな具合にだ。

僕　　：「日に焼けて精悍《せいかん》でいらっしゃいますね！　何かしていらっしゃるのですか？」
お客様：「ええ、まあダイビングを」
僕　　：「すごいですね！　どちらでしていらっしゃるんですか」
お客様：「沖縄ですよ。でも、最近は仕事が忙しくてなかなか行けなくて」

こんな風に、相手が得意なジャンルなら初対面でも話し出す人は少なくない。

得意な話が見つけにくい場合はどうすればいいだろうか。

「先週、多摩川でバーベキューしてね」と相手が話したとする。そんなときはまず、「いいですね〜！　いま絶好のシーズンですよね」と言って便乗しよう。「寒暖の差が激しいから、ついていけないんだよ。年だからね」と言われたら、「私も一緒ですよ！　着るものも困りますよね。この間、風邪をひきそうになりましたよ。かといって昼間にコートを着ても暑くなりますしね。〇〇さんはどうされていますか？」と話を進めてみる。

無理に**会話を盛り上げようとするのをやめると、相手の話を聞くことに集中できる。**場が和んでから自然と本題に入ることができる。

雑談の目的は、スマートに会話することではないはずだ。**まずは相手を知ろう。**あいづちを打って、「もっと話を聞かせてほしい！」という姿勢を見せよう。徹底的に相手を気持ちよくさせる会話を心がけよう。そうすれば、雑談嫌いは消えていくだろう。

雑談を無理にせず、
まずは相手の話をとことん聞こう

Q4

つい、余計な一言を
言ってしまいます。
どうすれば治りますか？

How to make
the most of your twenties

A4

何よりもまず我慢だ。言いたいことがあっても、ときにはグッと堪えよう。

特に20代は経験・実績ともに不足しているから、相手を目の前にして虚勢を張ってしまいがちだろう。僕自身も20代の頃、「あなたは話さなければいいのにね」と言われたことがあった。これは裏を返せば「余計な一言が多い」ということだ。後になって「いや、そういう意味で言ったんじゃなくて」と補足しようにも、焼け石に水。意図せず不快感に繋がってしまうのは、避けなければならない。

人に余計なことを言ってしまう人は、本来、**自分がしなければいけないことから逃げていること**が考えられる。やらないといけないことを放置している。あるいは、うまくいかず憤っている。その事実を認めたくないから**ごまかそうとして余計なひと言が出てしまうのだ。**

人から攻撃される前に、相手を攻撃することもあるだろう。勝ち負けや競争意識の強さが原因の場合もあるから、相手と勝負するのではなく、協力し合うことをイメージしてほしい。

余計なことを言いそうになる前に、**「自分が求められていること、果たすべきことが、いまできているか?」と、矢印を自分自身に向け続けよう。**

そして、シンプルに相手の話を「聞く」ことを心がけよう。そうすれば、相手の言葉にいちいち口を挟むことは少なくなる。

そうは言っても、意見を求められることはあるだろう。

「あなたはどう思いますか?」と水を向けられたら、誰が聞いても意味が通じやすい、誤解されない表現を選ぼう。余計な一言を言いがちな人ほど、無難さを嫌って、妙に自分の意見を得意気に話そうとしてしまう。あえて「あ~それって○○ってことですよね」と、自分の有能さをアピールして墓穴を掘ってしまう。

しかしそれでは、相手が「バカにされた」「もうこの人とはあまり話したくないな」と思ってしまう。**日頃から、言われて嫌な言葉、うれしい言葉を整理しておいて、できるだけうれしい言葉や前向きな言葉を優先して使うように心がけてほしい。**

そして、**相手を褒めることを意識しよう。**良いところは照れることなく素直に褒めよう。

特に20代のときは、人に対する評価を口にするときは十分注意しよう。ふだんから、自分の人を見る視点を疑ってみることだ。

本人がいない所で、「○○さんって、たいしたことないですよね」などと、ネガティブな表現を使っていないだろうか。

20代は、相手の良い点を見つけ、そこから学ぶ姿勢を持つよう努めよう。そうすれば、これまで以上に角が立たない言葉を選ぶようになるはずだ。


相手の長所を見つけると、発する言葉も変わってくる

Q5

同僚が出世しましたが、
素直に喜べない自分がいます。
嘘でも「おめでとう」と
言ったほうがいいでしょうか？

How to make
the most of your twenties

A5

「おめでとう」ぐらいは言っておこう。社会人としての最低限のマナーだ。

おめでとうと素直に相手を祝福できない20代は、まわりから引き立てられることはないだろう。長く働き続けるのであれば、上司はもちろん、同僚を敵に回さないことだ。たとえば、同僚が先に出世したら「おい、こんなポストがあるけど来るか?」と後で誘ってもらえるかもしれない。それも、ふだんから君がどんな対応を取っているかで変わると思う。

ここで考えてほしいのは、**なぜ、同僚が出世したのか、何が昇進を導いたのか、明確に答えられるだろうか**ということだ。これを知らずに、出世を喜べないというのはナンセンスだ。

僕自身、同僚が成功した際には、彼らが周囲からなぜ評価されているのかを考え抜いた。すると、自分にはない着眼点が見つかり、自分がこれから工夫するべきポイントが見つかった。やがて彼らのいいところを学べば僕はもっと伸びることができる、と自分自身の成長に期待できるようになった。

他人が成功を収めたときに、決して妬まないようにしたい。なかには陰口を言ったり、あることないこと嘘をまき散らす人もいる。そして、自分にとって都合の良いシナリオで相手をけなす人もいるだろう。

僕も会社を立ち上げたばかりの頃、同業者から「若い人がやっているからいいかげんな出会い系のサービスだ」と妬まれたことがあった。でも、**やっかんだり妬んだりしている人で、冷静に現状を分析し、良いところを真似して取り入れ、成功している人を見たことがない。**

他人を妬む人は、現状に不満を抱く。そしてそれを誤魔化すために、たまたま出世した相手に苛立ちをぶつけているに過ぎない。認められないという焦燥感や苛立ちを改善するためにも動くのが先決だ。

妬まないためにも、次の3点に該当していないかチェックしてみよう。

1. 自己評価が高すぎて、他者評価が低くないか。

2. 理想が高すぎて、現実の実力が追いついていないことはないか。

3. **過去の栄光にすがっていないか。**

社交辞令でも、**他人を祝福できないほど追いつめているのは、ほかでもない自分自身だ。**

君に他人を妬んでいる暇はない。自分の流れが来るまで、努力を続け、辛抱強く待てる人になろう。

他人の成功を分析し、取り入れよう

Q6

年上の部下がいます。
どんなふうに接したら
いいですか？

How to make
the most of your twenties

A6

年上の部下には、年下の部下とは違う接し方をする工夫が必要だ。

たとえば、**重要な役割を任せる。その人の経験や能力を活かせる仕事**だ。

また、経験の浅い部下から質問があった場合は、「それについては〇〇さんが経験豊富だから、質問して教えてもらうといい」と、年上の部下を頼る機会を意識して作ることも必要だ。すると相手も悪い気はしない。むしろ気分が良くなる。そして若手の前でこそ、「〇〇さんはすごい」という風に、年上部下を褒めるようにするのだ。

最近は、年次に関係なく、実力で評価されやすい時代だ。だからこそ、年上の部下は、味方につけておいた方が無難だ。

経験豊富な部下ほど、蚊帳の外にされたと思うとむしゃくしゃしてこじらせる可能性が高い。

ときどき、年上の部下に相談を持ちかけよう。ほかの部下よりも先駆けて事前に相談をしてみよう。そうすれば、彼のメンツも保たれるだろう。

ほかにも、若い部下に発表する前に、「こういうことを言おうと思うんですけど」、と、半日、一日ぐらい前に連携しておく。

そして、「昨日、〇〇さんには話をしたんだけど」と、先に年上の部下に言ったことを添える。ちょっとした演出だ。だが、こういう見せ方に注意を払う細やかな配慮が年上部下からの応援を取りつけることになる。

年上の部下を持ったら、経験やノウハウを引き出して、うまく立ち回ることを心がけよう。そして、**会話は必ず敬語だ。**ふだんの言葉遣いからも、尊重していることを伝える。ここでほかの部下にも同じように敬語で統一しておくこと。そうしないと、年上の部下だけ贔屓にしていると思われる。

注意するときは、個室、一対一が原則だ。決してほかの部下の前で注意したり、叱ったりしてはいけない。

男はメンツで生きている。年下に公然と叱られることは屈辱的で、人によっては一生の恨みに変えてしまう人もいる。細心の注意を払いつつも、見くびられないよう厳格さを保とう。

このように、年上部下には、細やかな配慮が求められる。しかし、君を信頼し、協力的になってもらえれば、これほど頼りになる存在はいない。

年下の部下にはない機転の良さがあるほか、年齢が高ければ高いほど貫禄があり、顧客に対して安心感を提供できることもある。ときには汚れ役を買ってでてくれたりもする。ぜひ味方につけよう。

年上の部下には役割を与え、得意な仕事を任せて味方につけよう

Q7

お客様に会うとき、
手みやげはお持ちした
ほうがいいのでしょうか？

How to make
the most of your twenties

A7

たいして必要ない。20代は、〝結果が最高の手みやげ〟だからだ。

独立したばかりの頃、コピー機や求人広告誌などから多くの営業を受けた。ロゴ入りのカレンダーやボールペンなどの手みやげもいただいた記憶がある。

そんな中、広告代理店の営業Bさんと知り合った。Bさんは優秀な人材を集めるために、どんな広告をどう出稿すれば反応が出るのか、他社の反響を分析して提供してくれるなど、とにかくよく勉強していた。気の利いた手みやげなど、一切持ってこなかった。

僕は、Bさんはまだ若いし、上司からそういう教えを受けていなかったのかもしれない、会社も営業予算として認めていないのかもしれないと考えていた。

ある日、京都に出かけた僕は、手みやげを買った。明日のアポで会う予定のBさんにも買って帰った。甘いモノには目がないと聞いていたので、喜ぶだろうなと思ったのだ。しかし、手みやげを受け取ったBさんは、こう言った。

「ありがとうございます。結果でお返しします」

僕は自分が恥ずかしくなった。「こんなにも気を配れる」と自分に陶酔してしまっていたのだ。

手みやげは、商品やサービス、あるいは自分の内面をごまかし、相手のご機嫌取りになる可能性がある。

当時の僕は、Bさんに手みやげを渡すことで、少ない予算しか出せなくて申し訳ないという卑屈さを覆い隠そうとしていたのだ。

彼の言葉に、少ない広告予算だから、結果が出せなくても仕方がないとあきらめていた自分にも気づかされた。

業績が上がり、もっと多くの広告予算を投入してはじめて、Bさんと僕の利害が一致するのだ。手みやげではそれができない。僕はわかっていなかった。

成功するビジネスマンは、手みやげで勝負を決めようとしない。顧客の欲望を満たすことで勝負する。

大切なのは、互いの利害を一致させることだ。そのズレを手みやげで埋めてはならない。

もちろん、手みやげが潤滑油となり、好印象を残すこともあるだろう。相手によってはとても喜ばれることもある。業界の慣習もあるだろう。しかしそれは、**結果が伴ったうえでのことだと、忘れてはならない。**

ビジネスでより強く記憶に残せるのは、結果、成果、効果だ。

「今回の商談で私は、何をプレゼントとして贈っているのか」

お客様に会う際に、こう考えてみてほしい。

「手みやげが一番良くて、話はさっぱり価値がない」というビジネスマンにならないよう注意しよう。

お客様には
「高価なモノ」より、「効果のあるモノ」を

第4章 20代の恋愛・結婚の正解

恋愛・結婚

Q1

恋愛するくらいなら
同性といたほうが
楽しいのですが……

How to make
the most of your twenties

A1

君はフラれることを怖がっていないか？

「同性といたほうが楽しい」と思わないとやっていけないほど恋愛に対して臆病になっているんじゃないだろうかと僕は思う。

気心が知れている友人なら、たしかにラクだろう。君のわがままも笑って許してくれるのかもしれない。でも、恋愛をわずらわしいと思っている人にありがちなのは、**ありのままの姿を見せることにブレーキをかけていること**だ。「こんなことを言ったら嫌われるかもしれない」と怯えている。

あるがままの気持ちを偽らないでいよう。そうすれば、本当に心を寄せ合える異性が近づいてくる。

20代後半にもなると、結婚する人が増えるだろう。いままで付き合ってきた仲間との時間もなかなか合わなくなり、一人、また一人と疎遠になっていく。君は恋愛なんて、と距離を置いているが、友人は恋愛よりも先にある結婚をクリアしていくのだ。この差を30代以降に如実に感じるようになってから、「いまさら遅い」とあきらめる人が現代の世の中でどれほど多いことか。

君にはそうなってほしくない。

もしも、異性との付き合い方に悩むなら、これまでとは別の角度からアプローチしてみてはどうだろうか。

たとえば、**いつも行かない場所に出かけてみる。ふだん会わない人に会ってみる。少しだけ選択を変えて、毎日を過ごしてみよう。**

恋愛が成就したり、結婚生活が充実している人ほど、「出会ったとき、お付き合いするなんて思わなかった。まさか結婚するなんて」と実感している。

僕が結婚をサポートした人の多くも、「第一印象はピンときませんでした」と口をそろえて言う。

思い込みを捨てよう。固定観念で決めつけたりしてはいけない。変化することを怖がらないでいよう。

「こういうタイプの人は、こういう結果になる」という思い込みをなくそう。恋愛の呪縛から逃れてほしい。**パターン化されていると、出会っても相手を知ろう**

というところまでいかないからだ。

注意したいのは、社会人になって片思い期間が長すぎることだ。片思いが当たり前になると、「結婚したい！」と思える相手と巡り合っても、交際を深められなかったり、相手の本音が見極められなくなる。

20代の未来明るき君よ。ふだん行かない場所に足を運び、自分とは異なる人生や価値観を持っている異性と出会ってみよう。いきなり恋愛しようと思わなくても大丈夫だ。**素直になれる人から順に幸運は舞い込んでくるのだから。**

思い込みを捨て、ふだんと違う環境に身を置くと出会いの質や確度が高まる

Q2

出会いが全くありません。どうしたらいいでしょうか？

How to make
the most of your twenties

A2

まず、いまいる場所で声がかかるようにしよう。

異性からモテる人ほど、身近な所から声がかかる。

そんなの限られた人だと思うかもしれない。しかし、これはビジネスの世界でも同じことだ。

たとえば、ヘッドハンティングされる人の多くが、勤め先の取引先から「うちに来て働かないか。君のような人に働いてほしいんだが」と評価されている。辞めるときも、必ずと言っていいほど勤務先から引き留めにあう。

「転職先を探しているが決まらない」と嘆いている人ほど、いまの職場で成果を出せずにいることが少なくない。

これを恋愛に置き換えるなら、「私の周りは恋愛対象者がいない」と言って言い訳に明け暮れるような人がこのタイプに当てはまる。

職場や仕事先で「あなたに会わせたい人がいる」と声を掛けてもらえないこと

に問題意識を持たないとどうなるか。裏で「あの人には紹介したくないね」、「出会いに興味がないいんだろう。余計な世話を焼くな」というふうに放っておかれても全く気がつかない。それどころか、私のお眼鏡にかなう人が見つからない、と困っている素振りを見せる。

ではどうすればいいだろうか。

まずは、紹介を積極的に受けよう。余計なおせっかいだと思わず、「いい人がいればぜひ紹介してください」と自分から言ってみよう。プライドを高くしすぎないことだ。

オープンにしていれば、知人や取引先など、全く対象外だとしていた人から「あの人に紹介したい」「あの人を紹介したいと」と声がかかるはずだ。

それでも縁に限りがあると感じているなら、質の良い出会いの場に顔を出してみよう。とはいえ、安くてチープすぎる出会いだと、その場限りになりやすい。たとえば「無料で出会えます」「手軽にパーティーで出会えます」といった低料金をウリにしているところは、相手の質も料金相応の場合が少なくない。しっかりとした書類の提出を求める仲人型のお見合いも一つだろう。

僕の担当していた人でも、「お見合いをしているんだ」と職場の人に打ち明けたところ、「○○さんは、仕事一筋で、結婚したいと思っているなんて知りませんでした。邪魔しちゃいけないと思って、ずっと気持ちを伝えていませんでした」と交際を申し込まれ、職場結婚に至った人もいる。

ビジネスの勉強会やセミナーに参加し、同志や仲間から始めていくのも一つだ。

待っているだけでは何も変わらない。出会いを自ら勝ち取りに行こう。自ら行動するのは何も悪いことではない。運命の人に出会っても気づかない、気づいてもらえないほうが悲惨だと思ってほしい。

「出会いがない」「忙しい」を言い訳にせず出会いを自分から作りに行こう

Q3

同じ地方出身の人と
付き合いたいのですが……

How to make
the most of your twenties

A3

いつも自分の故郷をアピールしておこう。

都心で働いていると、なまりや方言を直そうとする人が多い。故郷の話題を極力しないようになっていく。仕事では、それでなんとなくうまくやっていくことができる。

ところがプライベートとなると話は別だ。氏素性を隠したままでは、踏み込んだお付き合いができない。真剣な交際にまで至らないのだ。故郷を離れた人からすれば、都心はアウェイだ。

地縁もなく、人脈も仕事だけの関係。全くのゼロからスタートさせなくてはならない。やっかいなことに、たいていは地方出身であることを隠している。だから、ずいぶんと気心が知れないとどこが故郷かはわからないことが多い。出会いたくても、出会えないジレンマがある。

僕の知り合いの美容師は、新幹線で隣同士になった人と結婚した。帰京した際に、偶然地元が同じ青森だということがわかった。それがきっかけとなり、車内で意気投合したらしい。彼は、「こんなチャンスは二度とない」と思ったそうだ。いまでは夫婦で東京の目黒に住み、新しい命の誕生を待っている。

東京などの都市部では、お互い同じ地方の出身だというカップルが少なくない。地元が近いことで、親近感や安心感を持てると感じるのだ。実家が近いと、帰省するにしても、お互いの家に立ち寄りやすいといったメリットもある。

逆に、そのことにあまり関心を寄せず、困ったことになっている人がいる。自分の実家とは遠く離れた人と結婚した結果、40代以降になって、遠距離介護で悩んでいるような人だ。

僕の会社も関西と東京に拠点がある。そのため、将来的に実家に戻るから、という理由で、当社のサービスを利用される方も少なくない。

地元にいる人からしても、離れた場所にいる相手であっても、地元が近いとなると、「だったら一度、会ってみようかな」となったりするもの。

ふだんの出会いよりも、特別感が生まれ、貴重になってくる。せっかくの縁だし、ということで、交際に発展しやすい。

僕の担当している人のなかにも、土曜日の午後に新幹線で大阪に帰って実家に泊まり、翌日の日曜日のお昼にお見合いをして、夕方に帰京する人がいる。

君も地元が近くなら、思い切って都心の人でも会ってみたいと考えている地元の人との出会いも求めよう。

「将来のパートナーはどこにいるかわからないのに地元の近い人を条件にするのは、ナンセンスではないか」と思う人もいるかもしれない。それでも、20代の頃から同郷や同方面の出身者を探すことを僕は推奨する。年齢が上がるごとに選択肢は狭くなる。いまだからこそチャンスは潤沢にあるのだ。

どんな人と出会いたいか、日頃から口にしておこう

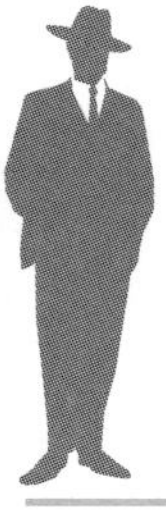

Q4

いつも「いい人」どまりです。
もっと強引になったほうが
いいのでしょうか？

How to make
the most of your twenties

A4

強引になる必要はない。でも、決断をひるまない人になってほしい。

〝いい人〟で終わってしまう人には、「異性の前で決断しているか？　決断しているところを見せているか？」と尋ねたい。

恋愛でモテる人は、異性の前で難なく決断する。平凡な人が迷うことでも、すがすがしいまでにあっさりと決めるから豪快に見える。

たとえば、食事をするとき、「何が食べたい？」と聞かれて「何でもいいよ。任せるよ」と言ったりしていないだろうか。「週末はどこに行く？」と聞かれて「どこでもいいよ」と言っていないだろうか。

「和食を食べたい」「映画を観たい」と、ときにはハッキリ意見を出してほしい。

特に**異性の目の前では、決断するシーンを意識して見せよう。**

僕がお見合いで担当していた20代の男性がいた。その男性は背も高く、清潔感があるスポーツマンタイプだった。女性と交際しても礼儀正しく、丁寧に会話をする。いっけん何も問題がないように思えた。ところが、なぜか女性側から交際を断られるのだ。聞くと、「良い方だとは思うんですが、私のことをどう思ってくれているのかわからないので」というのが理由だった。

彼は、女性に対して自分の正直な気持ちを伝えきれていなかった。そこで、必ず別れ際までには次のデートの約束を取りつけること。気に入った相手なら、デートして三回目までに好意があることを必ず直接伝えるようにアドバイスした。

〝いい人〟は「ここで言わないといけない」「ここでアピールしなければいけない」という場面に出くわしても、素通りしてしまう。**するべきタイミングで自分の考えや意見を表明する決断ができず、結局は、しめくくりや節目を人任せにしがちだ。**だから、次の展開を自分からリードすることに積極的になってもらうのだ。

もちろん、〝いい人〟と評価されるのも、一種の才能だ。思いやりがあり、感受性が豊かな人は、いい人と呼ばれることが多い。

だけど、恋愛ではどうだろう。意見がない。優柔不断。何を考えているかわからない。結果として「頼りない存在だ」と思われるなんて残念だ。

決断できれば、「ついて行きたい」と追いかけられる存在になる。

君の未来を変えるのは、決断しかない。

人の顔色ばかりを窺うのはよそう。相手からお願いばかりされて重たい荷物を背負ってしまうのは、もうおしまいだ。強制的に決断する習慣を持とう。運命の人が目の前に現れたとき、最善の決断ができるようになるために。

決断は他人任せにせず、君がリードしよう

Q5

女性との付き合い方が
わかりません。
お金をかけても結局、
別れてしまいます。

How to make
the most of your twenties

A5

何にでもお金をかけて気を引くことに女性が喜ぶと勘違いしてはいけない。

女性が惹かれるのは「この人といると、いいことがあるな」と思える男性だ。

僕の学生時代、ブランド品を彼女にプレゼントするのが流行っていた。なかには授業そっちのけでバイトに明け暮れ、全額彼女へのプレゼント代に費やしている猛者もいた。ところが、彼の顛末は悲惨だった。あるとき彼女から別れを切り出されたと思ったら、それまで贈ったすべてのプレゼントを段ボールに詰めて返却されたのだという。せっかくプレゼントを贈っても、それが当たり前になって、いつの間にか感動が薄れてしまったのではないか。

ほかにも、「お金がないから彼女はつくらない」と宣言する人もいた。お金がないと、デートにも行けないというのだ。お金に対するコンプレックスと女性に対する自信や経験が浅いと、ついお金があれば……と考えがちだ。

だけど**女性は、意外とお金以外の部分を冷静に見ている。「どんな可能性があ**

る男なのか」と。特に**20代の男性には、将来のビジョンを期待している。**だから、女性を惹きつける内容を提示しよう。

そのためには、**女性が何を望んでいるのかを知らないといけない。**そして、希望に対して柔軟に合わせる姿勢を見せられるかどうかが大事だ。

このとき、よくやってしまうのが、男の独りよがりなビジョンを立てることだ。たとえば、「俺は定年退職したら地方で農業をしたいんだ！」と言っても、女性が望んでいなければ、「何それ？　勝手にやれば」とドン引きされる結果に終わる。

女性と一緒に幸せになれそうな、二人で叶えるビジョンを見せてほしい。「結婚したら、君の希望だった城南地区にマンションを買おうよ」「君が臨床心理士の資格を取得するのを応援するよ」といった具合にだ。

女性を感動させること、夢を見させることに注力しよう。

そのとき、「豪邸に住もう」「億万長者になろう」など、バラ色の未来でなくてもいい。女性のやりがいにつながるような、選択肢を広げるビジョンが提案できると、賢い男だと思われる。

仕事のプレゼンと同じだ。相手に選ばせることを意識しよう。そして選ばせるからには、人生をかけて実現させよう。そうでないと「騙された」となって後悔を与える男になってしまう。

たとえいまは稼ぎが少なくても、将来は稼げるようになると女性に思わせることができるのも、ビジョンを見せる力があると言える。

魅力的なビジョンを作り続けよう。そうすればきっと、君に惹かれる女性が現れるはずだ。

お金よりも、
将来を感じさせるビジョンを女性に示そう

Q6

告白やプロポーズをする
タイミングがわかりません。
どうすればいいでしょうか？

How to make
the most of your twenties

A6

「少し早いかな」くらいが、ベストタイミング。

魅力的な男になるためには、女性よりも〝半歩リードして〟告白することを心がけよう。

どんなに強そうな女性でも、「この人についていっても大丈夫かな?」「この人は私を守ってくれるかな?」と、心のどこかで頼れる存在を探しているものだ。

僕の知り合いに、交際が進んでいるある日、突然女性から「終わりにしましょう」と別れを切り出された男性がいた。「どうして急に? ほかに好きな人でもできたのか?」と女性に尋ねると、「何度デートしても、あなたから結婚の話が全然出ないし、将来のことも考えていないんでしょ」ときっぱり言われたという。

男の方は順調に交際が進んでいるものだとばかり思っていたのに、女性は「この男は結婚する気がない」と思っていたのだ。

このように、男性が女性の気持ちに気づかず破局に至るというケースは珍しくない。**女性は、男性よりも結婚適齢期が限られている。だから、時間の感覚が男性よりも鋭いのだ。**

しかし、だからといって、急いで告白したり、プロポーズするのが正解とは限らない。

たとえば事前に何気なく「いつくらいに結婚したいとかあるの?」と聞いて準備しておくことが重要だ。突然プロポーズをすると、功を奏す場合があるかもしれないが、彼女が驚いて「いまはまだ心の準備ができていない」と、かえって戸惑いを招くこともある。慎重さが必要だ。

告白をして万が一ダメだった場合は残念だが、とても大事なことがある。それは、「だよね。俺もそう思ってたよ。まだ早いよね」と**誤魔化さないことだ。**

たとえOKをもらえなくても、他人のせいにしたり、言い訳をしてはいけない。ブレずに最後まで「俺の気持ちは変わらないから待つよ」と自分の気持ちに責任を持って伝えよう。

女性のなかには、男性に好意を伝えられて相手をはじめて好きになる人もいるからだ。

告白するかどうか迷うのもわかるが、君が良いと思う女性は、ほかの男性も良い女性だと思う可能性があるし、ライバルに奪われるリスクもある。

もし、「後悔する」と感じたのなら、君はリスクを冒してもチャレンジする時期にきているのではないだろうか。

女性のタイミングを見計らいつつ、後悔のないよう、次のステップに進めるきっかけを君自身が作ってほしい。幸運を祈る。


女性は結婚相手に「決断力」を求めている。

リスクを冒してでも、気持ちを伝えよう

Q7

彼女が「仕事と私、どっちが大事なの？」と言ってきます。どうすればいいでしょうか？

How to make
the most of your twenties

A7

彼女に正直な気持ちを伝え、将来についてじっくり話し合おう。

僕は仕事柄、これまで数多くの男女の恋愛・結婚相談を聞いてきたが、彼女が「仕事と私とどっちが大切なの?」と聞いてくる場合、「私は結婚したいんだけど、あなたはどうするつもりなの?」と問いたいことが多い。

よりによって「オレも忙しいんだ」とあたかも多忙さを押し出してしまう男は多い。言い分があるのだろうが、女性からしてみれば〝開き直り〟ととられる。お互いが我慢したままで交際しても、遅かれ早かれ、どちらかがキレてしまって終わるだろう。「あなたなんかと付き合わなかったらよかった」など、捨て台詞の一つや二つは覚悟しなければならない。もし仮に結婚したとしても、「家庭と仕事とどっちが大事なの」と、いままでと同じように、詰め寄られるだろう。

いたずらに交際期間を長くしないことだ。結婚するきっかけがつかめず、ズルズルと腐れ縁になってしまう。それに、君が結婚しようかどうかと悩んでいる時間は、女性からすれば「ひたすら待つ時間」なのだ。相手は「結婚はまだか」と親や親戚から聞かれているかもしれない。答えに困っても、仕事で忙しいと言う君をかばってくれているかもしれない。

女性に恥をかかせない男になってほしい。特に、結婚適齢期の女性の時間をムダにしてはいけない。女性に対する配慮ができる男こそが本命の男になり得る。〝未来を与える男〟ほど、女性に選ばれるのだ。

たとえ将来のことをまだ考えていなかったとしても、彼女の時間に限りがあることに誠実に向き合おう。将来のビジョンを決めているのなら、堂々と明確に提示しよう。**「来年には結婚する」「昇進したら結婚する」など、具体的な時期や条件を明らかにするだけでも、彼女は安心する。**

将来の約束ができないなら思い切って別れを切り出し、決してグレーなままで放置しておかないことが大事だ。

ある男性は、相手の女性に「どうしてお見合いしようと思ったの？」と尋ねた。彼女は「親にお見合いしろと言われて」と照れ隠しに答えた。すると彼はこう言った。「それは失礼だ。それを言う相手も真剣にパートナーを探そうとしているんだから、僕以外の男性と出会ったときでもそのことは話さないようにしたほうがいいよ。君のためにもならないから」と。

女性が〝受け身な女〟と捉えられて、相手の男性にとってマイナスイメージになってしまうことを指摘したわけだ。

この話には、実は続きがある。「この人は、しっかりしている」と女性が感じて、指摘してくれた相手に対して結婚を意識し出したというのだ。

結婚に関しては、常に女性よりも半歩先にいよう。そうすれば、多少仕事が忙しくても、しっかりと理解をしてくれるはずだ。

未来やビジョンを示せる男に女性は安心する

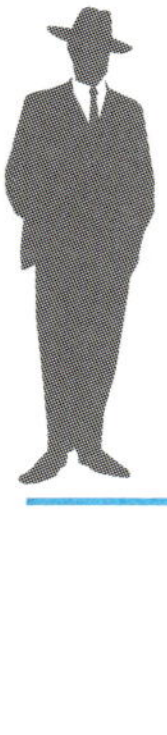

Q8

仕事で一人前になるまで、
結婚は考えられません。

How to make
the most of your twenties

A8

君の言う「一人前」とは、一体どんな状態のことなのか？

具体的に答えが用意されていないのなら、おそらくは一人前という言葉を使って、ただ決断を先延ばしにしているだけなのかもしれない。

交際相手から「そろそろ結婚は？」と尋ねられると、決まって「まだ一人前じゃないから無理」「いまはそのタイミングじゃないから無理」と言う人がいる。「だったら、いつがタイミングなの？」と迫っても、「いまはその話はしたくない」と尻すぼみになる。

もちろん、結婚は人生の一大イベントだ。相手の人生に責任が生じる。家族を養うために経済力をつけることを優先したり、相手選びに慎重になるのは、ある意味仕方がないことだと思う。

でも、**結婚を一人前になるまで考えないというのは、一生、半人前で終わる人の思考だ。**

君が先延ばししている間に、ライバルはゆうゆうと円満な家庭を築く。上司や会社から人間性や責任感を高く評価される。**人生をクリエイティブに生きている人にこそ、仕事を任せたいと思うから**だ。

一方、「一人前になるまでは」と発言する人は、完璧主義で隙がない人だと思われてしまう。すると、一緒に成長したり支え合ったりしたいと考える女性からは避けられる。「この人は自分が成功することしか考えていないのね」となる。

では、どう考えを変えればいいか。

一緒に成長したり、お互いを労ったり、二人で歩むことをイメージしよう。結婚は、二人三脚ができるかが試されている場でもある。「二人で一人前だ」という発想を持つことだ。

恋愛や結婚で行き詰まりやすい人は、独り相撲ばかりしがちだ。相手の人生に責任を持つことも大切だ。でも、もう少しリラックスしてほしい。結婚した相手と一緒に成長し、創り上げていくスタイルでも充分幸せになれる。

このとき見逃せないのは、本当は君が相手を想っていない可能性があるということだ。僕は結婚相談の現場で見ていて思う。本気になったら、真っ先に結婚の意思を伝える。だから、仕事が一人前になるまで……と言っているのは、本気ではないのかもしれない。ライバルがいる場合、蹴落してでも求婚すると思うからだ。**20代で伸びる人ほど、結婚してはじめて自分の人生が始まると考えている。**そして**賢い女性ほど、成熟した男は結婚から逃げないと知っている。**

仕事も同じだ。仕事も人生も、たった一人では完結できないと捉えている。喜びは倍に、苦しみは半分に。そんな人生を最高のパートナーと共に歩んでほしい。**結婚してはじめて一人前になると考えよう。**そうすれば、不思議と恋愛や結婚がうまく回り出すはずだ。

結婚してはじめて一人前になると思うと、
恋愛も結婚もうまくいく

Q9

相手の親から「結婚しろ」と言われていますが、いまいち踏み切れません。

How to make
the most of your twenties

A9

君は「結婚してもうまくいかない」と、心のどこかで思っているんじゃないか。

相手の親から言われても結婚に踏み切れないのは、原因が彼女にあるのではなく、**君自身の中にあると疑ってみよう。**

まずはどうして結婚に踏み切れないのか、ネックになっていることを把握することだ。

次にそれを率直に認め、改善しよう。雇用形態が不安定ということが理由なら、正社員採用の会社に転職しよう。仕事が忙しくてそれどころではないと言うのなら、結婚せずにいればいい。そのうち、結婚しない男が社会でどんなシビアな評価を受けるか、実感するだろう。

問題がクリアになれば、仕事に対してはもちろん、自分自身の人生に対しても前向きになれる。相手の女性の人生も、良くすることができるだろう。

僕自身、24歳で結婚を決めた。当時、会社員になって一年しかたっていなかった。収入ももちろん少ない。信用もない。だから、不安がなかったと言えば嘘になる。だけどその状況を肯定的に捉えて、将来が良くなることだけをひたすら信じていた。だから、結婚して一緒に学んだり、互いに助け合う経験を通して充実した毎日を送っている。そしていま、結婚のお世話をさせていただくことを生業としている。独身時代の僕では想像もつかない、刺激的で充実した毎日だ。

不安は誰にでもある。まずはその不安に向き合い、きちんと認めることだ。そこを解決しない限り、誰と出会っても、付き合っても同じ結果になるだろう。不安を、アグレッシブに改善する努力をすれば成長できる。ここが、ターニングポイントなのだ。

それからおすすめなのが、**社会人になって交際相手を選ぶとき、しっかりと結婚を考えられる人かどうかを基準にするのも手だ。**「結婚前提なら交際するよ」。20代のうちからそう言い切れる男は、間違いなくモテる。

「そんなの付き合ってみないとわからないじゃないか」という声が必ず聞こえてくる。もちろん、交際しても、必ずしも結婚しないかもしれない。だけど、そういう声の主ほど、交際の密度が薄かったり、交際スキルが低かったりする。

そもそも、**付き合わないとわからないのは、相手を深く知ろうとする気持ちがなかったり、よく観察していないからだ。**

結婚は、自分の人生と正面から向き合う最高の機会だ。決して逃げずに全力で向き合い、決断して、結論を出してほしい。その連続こそが、君の人生を良くする唯一の方法だと僕は思う。

結婚は、人生に正面から向き合う最高の機会
逃げずに全力で向き合おう

Q10

彼女には近い将来、
できればサポートに
回ってほしいと考えています。
これは男のエゴでしょうか？

How to make
the most of your twenties

A10

エゴかどうかは、君と結婚して相手が幸せかどうかだ。

答えがYESなら、エゴではない。バリバリ働こうが、家庭に入ろうが、こだわらなくていい、と僕は思う。

結婚したら働いてもいいし、専業主婦でもどちらでもいいよと話す男性でも、いざ、子どもが小学校にあがるまでは「家庭をばっちり守ってほしい」と考えていたりする。そして実際、女性にキャリアを中断してもらい、家庭に入ってもらったとする。

ところが、男性が仕事を理由に子育てすることから逃げていたことがわかると、「ああ、この人は面倒なことを押しつけようとしているんだ」と思われてしまう。

そして、「あの人のせいで、私は仕事ができなかった」「子どもを育てるために、私は犠牲になった」と、しだいに不満が募っていく。恨みを子育てにぶつけるようになる。

なかには、男性がビジネスで成功したことを妬み、「私だってそれぐらいできるわよ」「私のキャリアはどうなるの?」と喜んでくれなくなる女性もいる。

これで果たして、君の望むようなサポートは十分だと言えるだろうか。子育てがうまくいくのだろうか。

しっかりと彼女と話し合ったうえで、納得感が持てるようにしよう。同時に、女性のキャリアについて関心を寄せ、明るくなろう。

結婚して、子どもを産んでもキャリアをあきらめない。相手の能力開発ができるかどうかも、男の魅力につながる時代だ。

「あの奥さんは結婚して子どももいるのに、社会でも活躍していてすごい」と旦那の評価が高くなることが増えてきている。

パートナーのキャリアが良くなる後押しを怠らないこと。そして、「やるからにはとことんやれ!」と応援しよう。

10年以上前から、とっくに共働き世帯が主流の時代だ。**「女は家にいるのが一番幸せだ」という固定観念は捨てよう。**

働く喜び、社会で必要とされる喜びを奪ってしまうと、女性は疎外感を持ち、

君についてこないだろう。それに、**働いて苦労をしたこともない、社会人として未熟な人間が、子育てをするリスクも考えておかねばならない。**

彼女がいまの仕事を辞めるのは簡単だ。でも、もう一度、同じ職を手に入れるためには相当苦労するかもしれない。続けることがいかに重要かを知っておいてほしい。役割分担を明確にして支え合っていくつもりが、いつの間にかいがみ合うことにならないよう、日頃から、互いに話し合える関係を築いておくことを心がけよう。

パートナーのキャリアを応援して、支え合う関係を築こう

第5章 20代の生き方の正解

生き方

Q1

やる気にムラがあります。
どうしたら持続できますか？

How to make
the most of your twenties

A1

やる気があるかどうかなんて、いちいち気にしないことだ。

結論から言おう。**やる気は、むやみに高めなくていい。**

あるとき、クライアントの人事部長のCさんが、悩みを話してくれた。

「『10年後、社長になるんだ！』と宣言した新入社員が、入社2ヶ月後、急速に元気がなくなってしまって。いままでは周囲が心配するほど別人のようになってしまいました。入社当時のモチベーションを保ってくれていれば……」

やる気は、いわばゴムのようなもの。伸び縮みして当然だ。期待感をこれでもかと煽りすぎると、こんなふうにとてつもない反動がくる。**理想を大きくしすぎると、逆効果になることがあるのだ。**

だからモチベーションが高すぎる若手ほど、注意深くサポートする必要がある。無茶な目標設定をしがちだ。現実と目標とのギャップにあっという間に潰されてしまう。メンタルをやられやすく、人一倍落ち込みやすくなる。疲れやすい環境を、自ら創り出す落とし穴にはまってはいけない。

ところが、やる気に変化が見られない、いつも淡々としている人ほど、どんな状況でも強かったりする。

Cさんはこう言った。

「下元さんのアドバイスを聞いて、早速、個別にミーティングをしてみました。すると、時間的に余裕のあるメンバーほど、やる気にムラがあることがわかったんです。そこで、そういう人には、目標達成が可能な、新しい仕事を任せることにしました。それと〝10年後の自分〟というプレゼン大会は廃止しました。代わりに〝変化した自分、成長した自分〟と題して発表する場を作ることにしました」

「なるほど」と僕は思った。時間を与えるのではなく、小さな変化を与える。それを喜びに変えてもらうことで、ムラをなくす。C部長の取り組みで、新卒の離職率が3分の1に改善した。

20代の君よ。やる気はムリに高めなくていい。誰にだって、やる気にはムラがある。

たとえ、**やる気がなくても、自分を否定しないことだ。**

大事なのは、ムラが出にくい環境をいかにして作るかだ。そのために**小さくて達成可能な目標を設定しよう。**5年後や10年後といった遠い目標でなくてもいい。自分に小さな追い風を吹かそう。成長を実感し、やる気に左右されにくい体質に変わろう。そうすれば、どんどん伸びていける。

やる気に惑わされず
まずは達成しやすい目標を掲げよう

Q2

辛いことがあると
すぐに凹んでしまいます。
どうすれば早く立ち直れるで
しょうか？

How to make
the most of your twenties

A2

君には「成功体験」があるだろうか？

成功体験が多いと、立ち直るまでの時間が早くなる。止まったままの君をすばやく前に進めてくれる。

20代は失敗の連続だ。僕自身もそうだった。

キャリアコンサルタントをしているとき、転職を希望するAさんにある会社を紹介した。ところがその会社は、Aさんが以前に勤めていた会社だった。社名変更したことに気づかず、素晴らしい会社だといって転職をすすめてしまったのだ。指摘されてから気づいて平謝りをしたが、時すでに遅く、信用を一気に失った。

こんなとき、「もうダメだ」と自己不信に陥るかもしれない。しかし、ずっと立ち止まったままでは、ライバルにあっという間に差をつけられてしまう。

まず自信を失いそうになったら、君が過去に成功したシーンを思い出そう。

そして〝あのときできたのだから、きっと乗り越えられる〟と言い聞かせてほしい。

成功している人ほど、自信を失いそうになったとき、過去の成功体験を武器にして乗り越えている。

成功体験は、誰にでも必ずあるはずだ。学生時代の部活動でもいい。もっとさかのぼって幼少期でもいい。どんな小さなことでもかまわない。

それでも、「もうダメだ、こんなトラブルは経験したことがない」とつぶされそうになり、あきらめかけたときには、こう考えてみてほしい。

「ここがスタート地点だ。もうダメだと思ってから、私のサクセスストーリーははじまるんだ」と。

人は、不安や心配の気持ちがあるからこそ、成長できる。

失敗や挫折をどう意味づけするかにかかっている。「成長のチャンスだ」と思ってみよう。

辛いこと、ショックなことがあったら、分析してみよう。「嫌だ」と感情だけで受け止めるのではなく、「なぜ辛いと思うのか」と分析してみるのだ。

すると「なかなか数字が出せないから」「上司に怒られてばかりだから」など

と辛いと思う理由が浮かびあがってくる。それをさらに「ではなぜ数字を出せないのか？」「なぜ上司に怒られてばかりなのか？」と深掘りしていくのだ。すると辛いと思っている原因がわかり、改善できるかもしれない。

凹むことは悪いことではない。どんなに仕事ができる人でも、落ち込むことはある。凹むということは、ダメだったことに気づくチャンスだ。ダメだったことに向き合い、成功体験を積もう。

誰かに相談してもいい。だがその場では元気になっても、それは一瞬だ。友人を頼ることと、依存することは違う。

君を励ますことができるのは、君自身だ。強くなれるコツはそこにある。

「小さな成功」を積み重ね、自信にあふれた自分を手に入れよう

Q3

つい言い訳をしたり、
他人のせいにしてしまいます。
どうしたらいいでしょうか？

How to make
the most of your twenties

A3

処方箋は、失敗から逃げないことだ。

上司が悪い、親が悪い、社会が悪い……。

壁にぶつかる20代ほど、こうやって言い訳をしたり、うまくいかない理由を誰かのせいにしがちだ。自分に非があると認めることを恥ずかしいことだと誤解している。しかし**本当に恥ずかしいのは、非を認めずに逃げ続けることだ。**

30代以降にこれを続けていると、「自分を高めず、いままでそうやって他責して生きてきたんだな」と蔑まれる。人のせいにした時点で、成長はストップする。そんな人には、それなりの30代しか待っていないだろう。

しかし君は、自分で自覚しているだけ救いがある。そこを変えるだけで、いまよりずっと良くなるはずだ。

ある後輩のミスで大事なプレゼンで競合に負けてしまったとしよう。君はそのプロジェクトにすべてをかけてきたとする。君は後輩に何と話しかけるか？

「どうしてあんなミスをしたのかと本人に尋ねる。同じミスを繰り返さないために」

「相手が上手かった。しょうがないさと言う」

などいろいろな意見があると思うが、君にはぜひ、こう言ってほしい。

「僕がもっと角度の高い提案ができていれば、勝てたかもしれない。君のミスを拾えなかった僕にも責任がある」と。

伸びる20代は、他人のミスでさえも、自分が力になれるところはなかっただろうかと、反省する習慣を持っている。

若い頃は、人に教えるよりも、教えられることが多い。わからないことに直面するとつい手っ取り早く先輩や上司に聞いてしまう。しかしその答えが間違っていた場合、「僕は言われた通りにしただけです」「嘘を教えやがって、頼りにならないな」と開き直ったり、相手の責任にしていないだろうか。

行動した責任は100%自分にあると考えよう。人のできていないところを見て攻撃的になったり安心するのではなく、**自分の至らなさに目を向けてみよう。**そうすると、教えや学びに対して素直に感謝の気持ちが湧いてくる。もちろん、責めすぎて潰れないように、失敗した自分を許すことも覚えておきたい。

失敗して笑われることを怖がるな。

笑われないということは、失敗していないということでもある。いつも無難な道しか歩んでいないという裏返しでもある。**君が素直に認めた分だけ、その失敗は売りになる。**

誰かが敷いたレールの上ばかり歩こうとしなくていい。**歩く道は自分で決めよう。**決められない苛立ちを、先を行く人にぶつけるのは、もうやめよう。

「僕にもっとできることはなかっただろうか」と潔く、足りないこと探しを日課にしよう。するといつの間にか、君の力や人としての魅力は驚くほど上がっているはずだ。

行動した責任は100%自分にあると考えよう

Q4

30代の先輩が過労で倒れました。
不安なので、大手企業など、
職場環境の整った会社に
転職しようと思っています。

How to make
the most of your twenties

A4

大手企業や一流企業に行っても、きちんと成果を出す覚悟があるか?

転職先が大手であればあるほど、成果を出せなかったときの落差が激しい。仮に成果を出せなかったとき、「資金も潤沢、ネームバリューもブランドもあるのに結果が出せなかった人だ」という烙印を押されやすい。大手、一流企業に勤める人ほど、「会社の看板が外れたときに活躍できるか?」という視点をシビアに持つことが欠かせない。

大手は新卒の段階で優秀な人材が多く入ってくる。その分、競争も激しい。給料はいいが、昇給・昇格などの待遇の差がハッキリと出る。

たしかに大手企業や一流企業に勤めていれば、社会的信用も得やすいだろう。マンションを借りる際などに、審査も通りやすい。お見合いでもプロフィール欄にわざわざ社名を書いてアピールする人もいるくらいだ。しかし、そこには落とし穴がある。結果を出していなくても、給与水準が相場よりも著しく高い場合があるのだ。

たとえば同じような実務経験をしている人間でも、多くの中小企業では年収400万円台なのに、大手だと、600万円もらっている場合がある。

転職コンサルタントをしているとき、求人側から「この人が勤めている会社はいいけど、もらっている年収が高すぎるんで、弊社と合わない。だからパスしてください」と、書類審査で落とされることも少なくなかった。

担当していた経理職のお客様にも、同じような人がいた。

一流商社の経理職なのに、20代後半になっても、月次決算の経験はゼロ。これは、経理職の人が3年目くらいで経験しておきたい実務だ。転職しようにも「実務経験が浅い」と書類選考ではねられるケースが少なくなかった。

大手企業では業務が細分化されて、経験できる仕事の幅が狭い、ということが少なくない。

彼の経験だと、年収は400万円もいかないことが多い。でも僕が担当していた彼は、20代後半で年収700万円近くをもらっていた。

大事なのは、大手勤務だろうがベンチャーだろうが、成果を手に入れることでしか道をひらく術はないということだ。まだ成果が出せていないのなら、どこの世界に移っても、同じ悩みを抱えるだろう。不安だと嘆き、答えを急いで出す前に、「いまの職場できちんと成果を出せているだろうか?」と、自分の市場価値をじっくり見つめてほしい。その後で転職を検討しても、遅くはない。

どこで働いているかは関係ない。成果だけが君を救ってくれる

Q5

転職は20代のうちにしたほうがいいでしょうか？

How to make
the most of your twenties

A5

必ずしも20代で転職する必要はない。

ただし、**何の目標や目的もなくただ会社にいることだけは避けよう。**

20代は将来を考える時間がたっぷりある。だから、年収が低かったり、職場環境が良くないと感じていれば、不安に思うだろう。

僕も20代の頃、転職支援という仕事柄、「他人のキャリア相談にばかり乗って、俺のキャリアってこれでいいんだろうか?」と悩んでいたことがあった。

おまけに成果が出せないと、会社やキャリアに不満を持ってしまいがちだ。

もし、君が現時点で成果が出せていないなら、青い鳥を探すように「良い会社はないか」「もっと自分が活かせる仕事はないか」などと転職へと傾くのは危険信号だと言える。

知っておいてほしいのは、**一度、逃げたら癖がつくということ**だ。逃げた自分を肯定するために、その後も逃げ続けていくことになる。

転職することを〝逃げ〟に使わないでほしい。

たとえば、20代で何度も転職をしている人に転職コンサルタントは、「なぜ、そんなに転職をしているのか？」と、転職理由を厳しく問う。

その答えによって、僕たちコンサルタントは面接対策をする。しかし、相手は人事のプロだ。「たいして経験も積んでいない。嫌で辞めただけじゃないの？」と辞め癖を疑われる。

残念ながら、その指摘に対して、論理的かつ説得力をもって話せる人はごく少数だ。だから覚悟を持って転職を考えてほしい。

実は、いま活躍している30代以降の人に注目すべき点がある。それは、ある20代の一定期間にいわゆる〝ブラック企業〟と揶揄されるぐらい**厳しい環境で修行をしている**という点だ。

ブラック企業は避けたいのが昨今の風潮だ。だが、彼らはそれと真逆の動きをしている。職場を企業で選ぶのではなく、過去の自分と比べ、成長できる場所を選ぶからだ。どれだけ学び、成長したかを指針にするその貪欲さが、平凡な20代とはまるで違う。

20代で猛烈に働き、成果を出す経験を積んでいる人は、結果として、平凡な20代よりも市場価値を上げている。

いまよりも楽がしたくて給料を上げたいのなら、能力をアップさせ、評価を上げないといけない。なのに、生ぬるい環境を望んで果たして力がつくだろうか。

余談だが、20代で逃げるように職を転々としていると、結婚するときにも影響が出る。女性からも交際を避けられることが多い。落ち着きのない印象を与えるため、女性の両親の理解もとりつけにくい。

転職が頭にちらついたら、君自身の生き方を真剣に考えたうえで結論を出そう。

転職理由は生き方につながっていく
成果を挙げることに集中しよう

Q6

転職で別の職種にチャレンジするのは無謀でしょうか？

How to make
the most of your twenties

A6

難しい仕事にチャレンジし続けるのはいいが、いまの職場で結果を出しているだろうか？

それが結果として、「あれはキャリアチェンジだったんだ」と、後から振り返って思えるようになるはずだ。

偉そうに言っている僕だが、20代の頃はタイミングを図ってばかりいた。「キャリアコンサルタントではなくて、手に職がつく経理や財務で経験を積んだほうがいいかもしれない。いや、これからの時代はＷＥＢデザイナーもいいな」などと模索していたことがあった。

だけど、別の職種に就いて、驚くような成果をあげる保証などどこにもない。

僕自身、キャリアコンサルタント、仲人、会社役員、ビジネス書作家と複数の肩書きを持っている。しかし、過去にしていた仕事を辞めているわけではない。

たとえば、仲人として、結婚を考えている男性から転職の悩みを聞くこともあれば、キャリアコンサルタントとして、キャリアに悩む人から彼女の相談を受けることもある。

　経営者として税理士と打合せもすれば、ビジネス書作家として出版社と打合せもする。いまだにすべての肩書きで、仕事が同時並行する。僕自身、これまでの仕事を地道にコツコツと続けていった結果、先ほど紹介したように別のキャリアの道がひらけてきた。現時点でやり切ったと自分で思えるところまでやってみよう。その気持ちにたどり着いてから、次のステップを考えても遅くはない。

　ただ**伸びる20代ほど、現在や過去の職種と全く異なる職種は選択しない。**

　これまでの経験とは異なる職種への転職は、過去に費やした時間までもムダにしてしまう。「全く別の仕事をしていても、この仕事は未経験でも活躍している人がいますよ」と誘われると、「そうか、チャンスだな」と考えるのは浅はかだ。「いや、これは誰にでもできる簡単な仕事ではないだろうか。競争も入れ替わりも激しいかもしれない」と疑ってみよう。

　なかには育てる意識が高い会社もある。経験者よりも素直さを持つ未経験者が欲しいという意見もある。だが、離職率が高く、穴埋めのためにとにかく誰でもいいから採用しようとしていないかを注意深く見ておこう。たとえば、「面接の回数が少なすぎる」「入社時期が直近すぎる」「部署の年齢構成がいびつ」「平均勤続年数が短い」「中途と新卒の割合で中途が大半」といった項目を応募の段階や面接等で確認しておこう。代わりがすぐにきく仕事だと、キャリアチェンジではなく、ただのキャリアダウンになる可能性が膨らんでくるからだ。

最初から思っている通りのキャリアを歩む必要はどこにもない。たしかに、若いと転職しやすいが、別人になれるわけではない。すべてはつながっているのだ。過去の経験を活かした仕事を選ぼう。過去の全てを否定せず、良かった点は未来へとつなげていこう。

愚直なまでに打ち込んだ「現在」があってはじめて、ベストな選択だったと思える「未来」につながっていく。僕はそう思う。

転職したくなったときほど「いまの仕事をやり切っているか」問うてみよう

Q7

就職や転職で
なかなかうまくいきません。
学歴が低いからでしょうか？

How to make
the most of your twenties

A7

学歴が良くないということは、むしろ「ラッキーだ」と前を向こう。

なぜなら、ほかの人より頑張る動機が明確だからだ。

僕が独立する前にいたITベンチャーは上場企業だったが、大卒ではない人でも年収1000万円クラスが大勢いた。前職で焼き芋を売っていた人もいたぐらいだ。実力があればまっとうに評価をされていた。有名大学卒の社員がたくさんいるなかでも、決してひけを取らなかった。

彼らに共通していたのは、「受験や就職を人生のピークにしていない」ということだ。それらをあくまで通過点と考え、常に走り続けている。

社会人になったら、大学名だけでは勝負にならない。世の中で必要とされている人は「悩みや不満を解決できる人」だ。「学歴が低い」と卑屈にならなくていい。

もちろん、学歴が幅を利かせる職場もあるだろう。学歴を自慢するやつもいるかもしれない。

だけど仕事では、学歴なんかよりも**「逆境に置かれたときにどう生きていくか」**が問われていると思ってほしい。

世の中の課題を解決したり、自らの壁を乗り越えようとしている人には、学歴や職歴を取り払った「個性」が備わってくる。

その個性は、大学や会社が人生のピークの人には決して手に入らないものだ。困難な状況から学び、成長することで課題解決力が磨かれ、その個性はよりいっそう輝きを放つ。そうやって、解決力を高めていくしかない。

学歴の低さを素直に認め、原動力としている男性は、好意を持たれやすい。「職場はすごい学歴が高い人ばかり。専門卒は僕だけ。だからこそ頑張ろうと思います」と言う男性は、女性からも「この人は頼りになる。逞しい」と、魅力的に思われることが多い。

本質を見極める目を持っている女性ほど、学歴以外の人間力を見ている。20代での伸びしろは、そうした不利だと思われる状況をいかに楽しみ、巻き返していくかというところにある。だから、「どうやったらこの不遇を乗り越え、驚かせることができるか」と胸をわくわくさせながら人生を歩んでほしい。

しつこいようだが、**社会人になってからは、学力の偏差値ではなく「解決力」が雌雄を決める。**君自身の課題から逃げないでほしい。誰かのせいにしたり、何かのせいにしている生き方はもうやめよう。

悩みを解決する方法は、自分で行動する以外にないのだ。

それができる人だからこそ、他人や社会の悩みと立ち向かえる。信頼も得られる。仕事もうまくいく。

「不利な条件こそ成長の種」と自分に言い聞かせよう。逆転する材料はそこらじゅうに転がっているはずだ。いつどんなときでも、生き方は君自身で選べるのだから。

不利な条件こそ、圧倒的に成長の種になる

Q8

土日はつい休んでしまいます。
活躍したいなら働くべきだ
とは思っているのですが……

How to make
the most of your twenties

A8

おすすめなのは、土日ではなく、あえて平日にリフレッシュすることだ。

まずは、**一日だけでもいいから、早帰りの日を自分で設定してみよう。**

これまで20代で成長する人を多く見てきたが、必ずと言っていいほど、終業時刻ピッタリに「お先に失礼します」と気持ちよく帰る日を作っている。会社を離れたら、映画を観に行ってリフレッシュしたり、スポーツをして汗を流したり。仕事の振り返りだってじっくりとできる。早く帰ることで、ぐっすりと寝ることもできるだろう。

「でも、平日でやるべき仕事が溜まっていくんですが……」という人は、平日にリフレッシュするぶん、あえて休日に出勤することも考えてみよう。もちろん、休日出勤してばかりだと疲れが取れないので、平日に代休を取るなどして休むことも必要だ。

疲れをコントロールするコツは、時間をコントロールすることにある。君の職業人生は、決められた時間だけを守って仕事をするためだけにあるのではない。ましてや、ただ疲れるためにあるのではない。いまの君は、自分で戦略を立てて仕事をするためのいいきっかけが目の前にあると思ってほしい。

実は**「エグゼクティブ」と呼ばれる人ほど、20代の頃、必ずと言っていいほどみんなが休んでいる間に働いている。**自主的に休日出勤をしている人も多い。

休日出勤をして仕事をしておけば、平日の仕事がラクになりやすい。僕も経験があるけれど、誰にも邪魔されず集中できるからだ。平日だと、途中で電話がかかってきたり、つい相談を受けてしまう。平日に一時間かかるような資料の作成が、休日だと半分以下の時間で済む場合もある。ふだんの仕事ぶりが、いかにムダが多いかに気づかされる。つまり「仕事の進め方に問題があるかもしれない」と気づけるのだ。人が動かないときに動くと、違った景色が見えてくる。「もっと効率のいい仕事の進め方はないだろうか?」と探れるチャンスだ。

伸び悩む人は、休日出勤するのを嫌がる。「いかに休むか」ばかり考えて、「もっと時間が欲しい」と愚痴るのが日課だ。肝心の仕事の進め方、時間の作り方を見直そうとはしない。

君は、ひたすら会社にいることで、仕事をしている気になっていないだろうか。

惰性で時間を過ごしてはならない。君のあり余る可能性があっという間に干からびてしまう。

20代こそ、すすんで時間の使い方を工夫してみよう。

たまには休日出勤をして
時間をコントロールするコツを身につけよう

Q9

地方に転勤になりました。
私の人生、半分終わりですね。

How to make
the most of your twenties

A9

はっきり言おう。「終わった」と言ったその瞬間から本当に終わる。

ビジネスの中心は？　と聞かれたらほぼ全員が「東京」と答える。だから、本社が東京にある会社で働く人が「地方に転勤してくれ」と言われれば、「飛ばされた……」と受け止める人が少なくない。

営業職の人が総務部や経理部といった事務方に異動になる場合も、同じように受け止められがちだ。

しかし、**必ずしも地方転勤や他部署への異動は左遷ではない。**

そのことを、大手企業で役員までのぼりつめたDさんが僕に教えてくれた。

Dさんは東京本社で働いていた20代の頃、会社から突然「転勤してくれないか」という打診があったという。「本社以外のところで働くなんて、出世できないじゃないか」と考えたDさんは、断った年の一年間、査定が下がったという。重要な役回りの話も届かず、しばらく干されてしまった。

焦ったDさんは、いままで以上に努力を重ねたという。その甲斐あって、ようやく部長職に出世することができた。このとき彼は、同期の何人かが、すでに自分よりも上の役職にまで上りつめていたことに気づく。結果、数年ほど出世が遅れた計算になっていた。しかも彼らは全員、どこかのタイミングで地方勤務を経験していたというのだ。

Dさんは現役を引退したいま、地方に行かなかったことを、生涯のキャリアにおいて、いまだに後悔しているという。

「あのとき、転勤の打診を断らなければよかった。無理してでも地方に行くべきだった。そうすれば、出世が遅れなくて済んだだろう」と。

この話からもわかるように、ずっと東京が良いわけじゃない。「地方でも、行けと命じられれば行きますよ」とフットワークが軽いほうがいい。キャリアを築く早道になる。

実は転勤や異動は、会社への忠誠心があるのかないのかを試す儀式でもある。会社は、次の環境であなたがどんな働き方をするのかをしっかり見ているのだ。

Dさんのように、ずっと後になってわかっては遅い。会社に対する忠誠心が高いと、後から生きてくることもある。地方勤務を経験したというのは、裏を返すと、本社に行っても大丈夫だろうと太鼓判を押されることでもあるのだ。直接お客様と接するような最前線の現場、地方特有のしがらみのある人間関係、泥くさい経験が糧になって、本社に戻ったときにいい仕事ができる。

もしも君が地方勤務や異動を命じられたのなら、逆に多くを学べるチャンスだ、と思い直そう。決して左遷なんかじゃない。

人生には流れがある。**潮目が変わる瞬間は、自分のやるべきことを地道に続け、腐ることなく、周囲に敬意を払う人の前にだけやってくる。**

与えられた環境のなか、全力で努力する人にだけ
チャンスはやってくる

おわりに

20代は騙されやすい。

残念なことに、世の中には、〝若い人が不幸なほうが都合がいい中高年〟がたくさんいる。

流行やトレンドが未来を切りひらく唯一の方法だといわんばかりに、「自由でいよう」「結婚しなくても幸せだ」と安易で楽なメッセージで近づいてくる。とても巧妙に、不幸を不幸だとは決して思わせないのが特徴だ。

悩んだり、苦しいとき、それらを疑うことなく受け入れてしまうと、困るのは君自身だ。

30代で君たちと比較的世代が近く、また後戻りできず悔やんでいる30代以降のビジネスマンを数多く見てきたからこそ痛感している。

「本当のところはどうなんだろう？」と本質を見極めてほしい。

そして、「仕事も家庭も両立させるなんて無理な時代だ」と人から聞くたびに「そういう考えが、20代やこの世の中をダメにしていく」と反論したくなる。

もちろん先輩のなかには、次世代の幸せを願う人も数多くいるし、目指すべきモデルケースになるような人も多いように思う。

ところが、そうした人は自分の仕事や家庭に忙しく、後輩のことをかまってあげる暇がないのが実情だ。それに、世の中は幸福な人を妬む人のほうが圧倒的に多いことを彼らは知っているから、余計な手出しは避ける。

僕は仕事柄、働く男女のキャリアや結婚の相談を受ける。ときには、その親御さんの相談に乗ることもある。

本書は数多い20代向けの書籍とは一線を画した内容にしたつもりだ。

それは20代で必ず経験するであろう、私生活を含めたリアルで誰にも相談しにくいような悩みに限定してテーマを設定したところにある。生々しい話が出てくるのは、僕の狙いが30代以降に君の人生を輝かせることにあるからだ。

本書によって、君は「正解」を手に入れた。

その正解をどう使うかは、君次第だ。

下元　朗

下元朗 Akira Shimomoto

ライフ・クリエイター／株式会社プラウド　常務取締役
大学卒業後、総合人材サービスの株式会社インテリジェンスに入社。人材紹介事業本部に配属。主に、20代の若手エリートから60代のエグゼクティブ層を担当し、優秀賞を受賞。これまで7000人以上のキャリア相談の実績を誇る。

2004年、「働く男性・女性の結婚を応援する」をスローガンに、結婚支援（お見合い）サービスを提供するアサイン（株式会社プラウド）を創設。2014年には〝ふるさとを離れ、都心で働く男女の結婚を応援します〟をスローガンに、主に都心で働く西日本出身者のための結婚支援ブランド「ＶＥＲＹ　ヴェリィ」を立ち上げるなど、業界でも異端児として注目を集めている。

「転職」と「結婚」というビジネスマンの２大分岐点をサポートしてきた視点から、悩める20代、30代に真のアドバイスができる存在として異彩を放ち、日経ウーマンなどメディアからの取材も多数受ける。

著書に、『結婚でビジネスの成功は９割決まる』（ウィズワークス）、『30代からの男の磨き方』（総合法令出版）、『お金持ちと結婚できる女になる』（宝島社）がある。

◆株式会社プラウド　ホームページ
結婚支援（お見合い）サービス
「アサイン」www.assign-consulting.com
「ヴェリィ」www.very-web.jp

20代の正解

2014年８月６日　初版発行

著　者　下元 朗
発行者　野村直克
発行所　総合法令出版株式会社
〒103-0001　東京都中央区日本橋小伝馬町15-18
常和小伝馬町ビル９階
電話 03-5623-5121（代）

印刷・製本　中央精版印刷株式会社

ISBN 978-4-86280-412-9

総合法令出版ホームページ　http://www.horei.com/